# 100
## FAITS A SAVOIR SUR LES
# COMPLOTS HISTORIQUES

1. CÉSAR ASSASSINÉ
2. COMPLOT POUDRIÈRE
3. AFFAIRE POISONS
4. CATILINA CONJURE
5. FIESCO TRAME
6. MUTINERIE BATAVIA
7. SAINT-BARTHÉLEMY
8. VALKYRIE ÉCHOUE
9. GUNPOWDER PLOT
10. DREYFUS SCANDALE
11. LINCOLN TUÉ
12. SAINT-NICAISE
13. PROTOCOLE SION
14. HIMMLER FAUX-FLAG
15. SEPTEMBRE CONSPIRE
16. ROSENBERGS EXÉCUTÉS
17. NIXON WATERGATE
18. AJAX RENVERSEMENT
19. FRANÇOIS-FERDINAND
20. ALUNISSAGE FALSIFIÉ
21. POUDRIÈRE 1696
22. 20 JUILLET
23. LETTRES JUNIUS
24. JFK CONSPIRÉ
25. NORTHWOODS PROJET
26. BABINGTON COMPLOT
27. POUDRE À CANON
28. RIBBENTROP-MOLOTOV
29. ÉGAUX BABEUF
30. PROCOPIO COMPLOT
31. QUIBERON INVASION
32. HITLER ATTENTAT
33. CELLULES FEU
34. CONDOR RÉPRESSION
35. VENNER ÉCHEC
36. CYRUS CONSPIRATION
37. IRAN-CONTRA
38. NOUVEL ORDRE
39. HENRI IV MORT
40. MAIN NOIRE
41. SLAVES RÉVOLTE
42. CAGOULE FASCISTE
43. PRAIEIRA RÉBELLION
44. YANACONA SOULÈVEMENT
45. GLADIO OPÉRATION
46. JUILLET COMPLOT
47. MK-ULTRA SECRETS
48. BRACELETS SCANDALE
49. GUAL ESPAÑA
50. SUISSES COMPLOT

51. ÉGAUX GRACCHUS
52. ZINOVIEV LETTRE
53. PAPERCLIP RECRUTEMENT
54. 11 SEPTEMBRE
55. NOBLESSE POLONAISE
56. SILKEN THOMAS
57. CAMBRIDGE CINQ
58. FLUORIDE THÉORIE
59. PORRAJMOS GÉNOCIDE
60. BONAPARTE CIBLES
61. TÊTES CUIR
62. 9 THERMIDOR
63. TWA 800
64. QUATRIÈME INTERNATIONALE
65. JEAN-PAUL II
66. FICHES AFFAIRE
67. PAZZI ÉCHEC
68. ESCALADE 1602
69. ILLUMINATI THÉORIE
70. UNDERWORLD ALLIANCE
71. MAIN ROUGE
72. CÔTE NOIRE
73. TRENTE COMPLOT
74. CATALINA CONJURE
75. ANTHRACITE LUTTE
76. CLIMATIQUE COMPLOT
77. KISHINEV POGROM
78. ELIZABETH ASSASSINAT
79. HAARP MYSTÈRES
80. OPÉRA COMPLOT
81. WARBECK POUDRE
82. TULIPE CRISE
83. KENNEDY DOUTES
84. PONTIAC SOULÈVEMENT
85. LIBERTINS ACCUSÉS
86. ZIKA VIRUS
87. ÉQUIPAGES PLOT
88. CABALE STRATAGÈMES
89. MH370 MYSTÈRE
90. JEANNE INTRIGUE
91. ANTHRAX PANIQUE
92. BLOUSE NOIRE
93. DENVER MYSTÈRES
94. BOXERS SOULÈVEMENT
95. POISONS COMPLOT
96. CHEMTRAILS THÉORIE
97. BARBE D'OR
98. NITRATE MONOPOLE
99. KING ASSASSINAT
100. SMOLENSK THÉORIE

# PRÉFACE

DEPUIS LES MURMURES DANS LES COULOIRS DU POUVOIR JUSQU'AUX THÉORIES QUI ALIMENTENT LES DISCUSSIONS TARD DANS LA NUIT, LES COMPLOTS ET LES CONSPIRATIONS ONT FAÇONNÉ L'HISTOIRE DE L'HUMANITÉ DE MANIÈRE INDÉLÉBILE. "100 FAITS À SAVOIR SUR LES COMPLOTS HISTORIQUES" EST UNE ODYSSÉE À TRAVERS LE TEMPS, DÉVOILANT LES SECRETS LES PLUS SOMBRES ET LES INTRIGUES LES PLUS FASCINANTES QUI ONT, À LEUR MANIÈRE, TRACÉ LE COURS DE NOTRE PASSÉ COLLECTIF. À TRAVERS CE LIVRE, NOUS PLONGEONS DANS L'ABÎME DES COMPLOTS HISTORIQUES, EXPLORANT DES ÉVÉNEMENTS QUI VONT DE L'ANTIQUE ROME AUX MYSTÈRES CONTEMPORAINS QUI CONTINUENT DE DÉFIER NOTRE COMPRÉHENSION.

L'INSPIRATION DERRIÈRE CE LIVRE EST NÉE D'UNE FASCINATION POUR LES HISTOIRES NON DITES ET LES VÉRITÉS CACHÉES QUI SE TROUVENT SOUVENT DANS LES OMBRES DE NOTRE HISTOIRE. MON OBJECTIF EST DE DÉMÊLER LE VRAI DU FAUX, DE SÉPARER LES FAITS DE LA FICTION, ET DE PRÉSENTER UNE EXPLORATION APPROFONDIE DES MOMENTS QUI, BIEN QUE SOUVENT OUBLIÉS OU MAL INTERPRÉTÉS, ONT UN IMPACT DURABLE SUR NOTRE MONDE. CE LIVRE EST UN HOMMAGE À LA CURIOSITÉ INSATIABLE DE L'HOMME POUR L'INCONNU ET UN TESTAMENT À NOTRE QUÊTE ÉTERNELLE DE LA VÉRITÉ.

LES LECTEURS PEUVENT S'ATTENDRE À UNE COLLECTION CAPTIVANTE DE RÉCITS, ALLANT DE COMPLOTS ORCHESTRÉS DANS L'OBSCURITÉ DES CHÂTEAUX MÉDIÉVAUX AUX STRATAGÈMES MODERNES QUI DÉFIENT NOTRE RÉALITÉ. VOUS DÉCOUVRIREZ LES MACHINATIONS DERRIÈRE LA CONSPIRATION DE LA POUDRE À CANON, LES DESSOUS DE L'OPÉRATION

UNDERWORLD, ET LES MYSTÈRES ENVELOPPANT LA DISPARITION DU VOL MH370, PARMI TANT D'AUTRES. CHAQUE FAIT EST UNE PORTE OUVERTE SUR LES INTRIGUES COMPLEXES ET LES LUTTES DE POUVOIR QUI ONT DISCRÈTEMENT DIRIGÉ LE COURS DE L'HISTOIRE.

LA SÉLECTION DES FAITS PRÉSENTÉS DANS CE LIVRE A ÉTÉ GUIDÉE PAR UNE RECHERCHE EXHAUSTIVE, S'APPUYANT SUR DES ARCHIVES HISTORIQUES, DES DOCUMENTS DÉCLASSIFIÉS. CETTE QUÊTE DE LA VÉRITÉ M'A MENÉ DES BIBLIOTHÈQUES POUSSIÉREUSES AUX BASES DE DONNÉES NUMÉRIQUES LES PLUS AVANCÉES, CHAQUE DÉCOUVERTE ÉCLAIRANT UN PEU PLUS LES ZONES D'OMBRE DE NOTRE PASSÉ.

JE TIENS À EXPRIMER MA PROFONDE GRATITUDE À TOUS CEUX QUI ONT CONTRIBUÉ À LA RÉALISATION DE CE LIVRE. UN MERCI PARTICULIER AUX HISTORIENS, AUX CHERCHEURS ET AUX PASSIONNÉS DE CONSPIRATIONS QUI ONT PARTAGÉ LEUR SAVOIR ET LEUR EXPERTISE. MES REMERCIEMENTS VONT ÉGALEMENT À MA FAMILLE ET À MES AMIS POUR LEUR SOUTIEN INDÉFECTIBLE, AINSI QU'À MON ÉDITEUR POUR AVOIR CRU EN CE PROJET DÈS LE PREMIER JOUR.

JE VOUS INVITE MAINTENANT, CHER LECTEUR, À OUVRIR CE LIVRE ET À VOUS IMMERGER DANS LES PROFONDEURS FASCINANTES DES COMPLOTS HISTORIQUES. QUE VOUS SOYEZ UN FERVENT AMATEUR D'HISTOIRE, UN SCEPTIQUE CURIEUX OU SIMPLEMENT À LA RECHERCHE D'UNE LECTURE CAPTIVANTE, "100 FAITS À SAVOIR SUR LES COMPLOTS HISTORIQUES" PROMET DE VOUS OFFRIR UN VOYAGE INOUBLIABLE À TRAVERS LES ÉNIGMES LES PLUS PERPLEXES DE NOTRE HISTOIRE. PRÉPAREZ-VOUS À REMETTRE EN QUESTION CE QUE VOUS PENSIEZ SAVOIR, À EXPLORER L'INEXPLORÉ, ET À DÉCOUVRIR LES VÉRITÉS CACHÉES QUI ATTENDENT D'ÊTRE RÉVÉLÉES. BONNE LECTURE !

1

# CÉSAR ASSASSINÉ

LE 15 MARS 44 AV. J.-C., CONNU SOUS LE NOM DES IDES DE MARS, JULES CÉSAR, DICTATEUR À VIE DE LA RÉPUBLIQUE ROMAINE, EST ASSASSINÉ DANS UN ACTE DE TRAHISON QUI A MARQUÉ L'HISTOIRE. CONSPIRANT CONTRE LUI, PLUS DE 60 SÉNATEURS ROMAINS, MENÉS PAR BRUTUS, CASSIUS ET CASCA, ONT CRAINT QUE CÉSAR NE RENVERSE LA RÉPUBLIQUE POUR INSTAURER UNE MONARCHIE SOUS SON RÈGNE. SOUS LE PRÉTEXTE DE PRÉSENTER UNE PÉTITION, ILS L'ONT ENCERCLÉ ET POIGNARDÉ À 23 REPRISES. CET ACTE DRAMATIQUE N'A PAS RESTAURÉ LA RÉPUBLIQUE COMME ESPÉRÉ, MAIS A PLUTÔT DÉCLENCHÉ UNE SÉRIE DE GUERRES CIVILES QUI ONT FINALEMENT CONDUIT À L'ÉMERGENCE DE L'EMPIRE ROMAIN SOUS AUGUSTE, LE NEVEU ET FILS ADOPTIF DE CÉSAR.

2

# COMPLOT POUDRIÈRE

LE 5 NOVEMBRE 1605, UN GROUPE DE CATHOLIQUES ANGLAIS, DIRIGÉ PAR ROBERT CATESBY ET INCLUANT GUY FAWKES, A TENTÉ DE RÉALISER L'UN DES COMPLOTS LES PLUS AUDACIEUX DE L'HISTOIRE BRITANNIQUE. MÉCONTENTS DE LA PERSÉCUTION RELIGIEUSE SOUS LE RÈGNE DE JACQUES IER, ILS ONT PLANIFIÉ D'ANÉANTIR LE PARLEMENT EN LE FAISANT EXPLOSER LORS DE L'OUVERTURE DE SA SESSION, DANS LE BUT DE TUER LE ROI ET DE NOMBREUX NOBLES PROTESTANTS. LA CONSPIRATION A ÉTÉ DÉJOUÉE LORSQUE GUY FAWKES, CHARGÉ DE SURVEILLER LES 36 BARILS DE POUDRE PLACÉS DANS LES CAVES DU PARLEMENT, A ÉTÉ DÉCOUVERT ET ARRÊTÉ. CET ÉVÉNEMENT EST COMMÉMORÉ CHAQUE ANNÉE EN GRANDE-BRETAGNE LORS DE LA "NUIT DES FEUX DE JOIE".

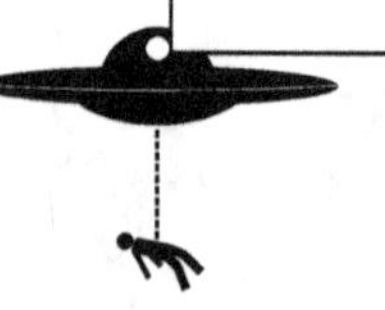

3

# AFFAIRE POISONS

L'AFFAIRE DES POISONS FUT UN SCANDALE MAJEUR QUI ÉBRANLA LA COUR DE LOUIS XIV, RÉVÉLANT UN RÉSEAU SOMBRE D'EMPOISONNEMENTS, DE SORCELLERIE ET DE MESSES NOIRES. ENTRE 1679 ET 1682, LA POLICE A DÉCOUVERT UNE SÉRIE DE CRIMES IMPLIQUANT DES MEMBRES ÉMINENTS DE LA SOCIÉTÉ FRANÇAISE, Y COMPRIS DES COURTISANS PROCHES DU ROI. LA MARQUISE DE BRINVILLIERS ET LA VOISIN FURENT PARMI LES FIGURES CENTRALES DE CE COMPLOT, ACCUSÉES D'AVOIR EMPOISONNÉ DES PERSONNES INFLUENTES. L'AFFAIRE A MENÉ À DES DIZAINES D'EXÉCUTIONS ET À UNE PARANOÏA ROYALE, POUSSANT LOUIS XIV À CRÉER UNE CHAMBRE ARDENTE POUR JUGER LES ACCUSÉS DE SORCELLERIE ET D'EMPOISONNEMENT, RÉVÉLANT AINSI LES PROFONDEURS DE LA CORRUPTION ET DE LA SUPERSTITION AU SEIN DE LA COUR.

4

# CATILINA CONJURE

EN 63 AV. J.-C., LUCIUS SERGIUS CATILINA, UN NOBLE ROMAIN AMBITIEUX ET ENDETTÉ, A ORCHESTRÉ UN COMPLOT AUDACIEUX VISANT À RENVERSER LA RÉPUBLIQUE ROMAINE. MÉCONTENT DE SA POSITION MARGINALE DANS LA POLITIQUE ROMAINE ET DE L'ÉLITE DIRIGEANTE, CATILINA A RASSEMBLÉ UN GROUPE DE PARTISANS, INCLUANT DES SÉNATEURS DÉCHUS, DES SOLDATS VÉTÉRANS MÉCONTENTS ET DES JEUNES ARISTOCRATES ENDETTÉS, POUR S'EMPARER DU POUVOIR PAR LA FORCE. LE COMPLOT PRÉVOYAIT L'ASSASSINAT DE PLUSIEURS MAGISTRATS, DONT LE CONSUL CICÉRON, QUI A FINALEMENT DÉVOILÉ LA CONSPIRATION AU SÉNAT. CICÉRON, PAR SES CÉLÈBRES DISCOURS, LES CATILINAIRES, A ALERTÉ ROME DE LA MENACE IMMINENTE, MENANT À L'ÉCHEC DE LA CONSPIRATION ET AU SUICIDE DE CATILINA SUR LE CHAMP DE BATAILLE, MARQUANT UN TOURNANT DANS LA CRISE DE LA RÉPUBLIQUE ROMAINE.

5

# FIESCO TRAME

LE COMPLOT DE FIESCO EN 1547 FUT UNE TENTATIVE DE COUP D'ÉTAT ORCHESTRÉE PAR LE COMTE GIAN LUIGI FIESCO CONTRE LA PUISSANTE FAMILLE DORIA, À GÊNES. MÉCONTENT DU POUVOIR ABSOLU EXERCÉ PAR ANDREA DORIA, QUI AVAIT TRANSFORMÉ LA RÉPUBLIQUE DE GÊNES EN QUASI-MONARCHIE SOUS INFLUENCE ESPAGNOLE, FIESCO VISAIT À RESTAURER LA LIBERTÉ RÉPUBLICAINE. LA NUIT DU COMPLOT, FIESCO RÉUSSIT À PRENDRE LE CONTRÔLE DE POINTS STRATÉGIQUES DE LA VILLE ET DU PORT. CEPENDANT, LA RÉVOLTE ÉCHOUA LORSQUE FIESCO SE NOYA ACCIDENTELLEMENT EN TENTANT DE MONTER SUR UN BATEAU. SON DÉCÈS PRÉCIPITÉ ENTRAÎNA LA DÉBANDADE DE SES PARTISANS ET PERMIT À LA FAMILLE DORIA DE RÉPRIMER LA RÉVOLTE, RENFORÇANT AINSI LEUR EMPRISE SUR GÊNES.

6

# MUTINERIE BATAVIA

LA CONSPIRATION DE BATAVIA EST L'UN DES
ÉPISODES LES PLUS TRAGIQUES DE L'HISTOIRE
MARITIME NÉERLANDAISE. EN 1629, LE BATAVIA,
NAVIRE AMIRAL DE LA COMPAGNIE NÉERLANDAISE
DES INDES ORIENTALES, S'ÉCHOUA SUR UN RÉCIF
DES ÎLES HOUTMAN ABROLHOS, AU LARGE DE
L'AUSTRALIE OCCIDENTALE, LORS DE SON VOYAGE
INAUGURAL VERS LES INDES ORIENTALES. À LA
SUITE DU NAUFRAGE, UNE MUTINERIE ÉCLATA SOUS
LA DIRECTION DE JERONIMUS CORNELISZ, UN
APOTHICAIRE AMBITIEUX ET CHARISMATIQUE, QUI,
PROFITANT DE L'ABSENCE DU CAPITAINE PARTI
CHERCHER DE L'AIDE, TENTA DE S'EMPARER DU
POUVOIR. CORNELISZ ET SES COMPLICES SE
LANCÈRENT DANS UNE VAGUE DE TERREUR, TUANT
PLUS DE 100 SURVIVANTS DANS LE BUT DE
CONTRÔLER LES RESSOURCES LIMITÉES ET DE
S'ÉCHAPPER AVEC UN PETIT GROUPE DE FIDÈLES.
L'ARRIVÉE INATTENDUE DES SECOURS MIT FIN À
LEUR RÈGNE DE TERREUR, ABOUTISSANT À
L'EXÉCUTION DES MENEURS DE LA MUTINERIE.

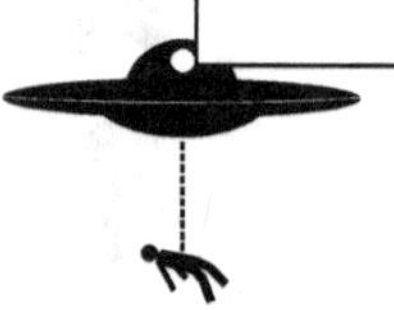

7

# SAINT-BARTHÉLEMY

DANS LA NUIT DU 23 AU 24 AOÛT 1572, LE MASSACRE DE LA SAINT-BARTHÉLEMY CONSTITUE L'UN DES ÉVÉNEMENTS LES PLUS SANGLANTS DE L'HISTOIRE DE FRANCE, AU COURS DUQUEL DES MILLIERS DE PROTESTANTS HUGUENOTS FURENT MASSACRÉS PAR LES CATHOLIQUES. DÉCLENCHÉ À PARIS, LE MASSACRE S'EST RAPIDEMENT ÉTENDU À D'AUTRES VILLES FRANÇAISES, DURANT PLUSIEURS SEMAINES. À L'ORIGINE DE CETTE TRAGÉDIE, UNE COMBINAISON COMPLEXE DE TENSIONS POLITIQUES, RELIGIEUSES ET FAMILIALES AU SEIN DE LA COURONNE FRANÇAISE, EXACERBÉE PAR LE MARIAGE DE MARGUERITE DE VALOIS, CATHOLIQUE, ET HENRI DE NAVARRE, PROTESTANT, VISANT À RÉCONCILIER CATHOLIQUES ET PROTESTANTS. TOUTEFOIS, L'ASSASSINAT MANQUÉ DU LEADER HUGUENOT GASPARD DE COLIGNY A SERVI DE CATALYSEUR AU MASSACRE, ORCHESTRÉ PAR LA REINE MÈRE CATHERINE DE MÉDICIS ET D'AUTRES MEMBRES DE LA HAUTE NOBLESSE, DANS LE BUT DE CONSOLIDER LE POUVOIR ROYAL EN ÉLIMINANT LES OPPOSANTS HUGUENOTS.

8

# VALKYRIE ÉCHOUE

L'OPÉRATION VALKYRIE, LE 20 JUILLET 1944, FUT LA PLUS CÉLÈBRE TENTATIVE D'ASSASSINER ADOLF HITLER, ORCHESTRÉE PAR UN GROUPE DE HAUTS OFFICIERS DE L'ARMÉE ALLEMANDE ET DES MEMBRES DE LA RÉSISTANCE. AU CŒUR DU COMPLOT, LE COLONEL CLAUS VON STAUFFENBERG, QUI A PLACÉ UNE BOMBE DANS LA SALLE DE RÉUNION OÙ HITLER DEVAIT SE TROUVER AU QUARTIER GÉNÉRAL DE LA WOLFSSCHANZE, EN PRUSSE ORIENTALE. LA BOMBE A EXPLOSÉ, MAIS HITLER N'A ÉTÉ QUE LÉGÈREMENT BLESSÉ, EN PARTIE À CAUSE DU DÉPLACEMENT DE LA MALLETTE CONTENANT LA BOMBE. L'ÉCHEC DE L'ASSASSINAT A ENTRAÎNÉ UNE RÉPRESSION BRUTALE : VON STAUFFENBERG ET DES CENTAINES D'AUTRES CONSPIRATEURS ONT ÉTÉ EXÉCUTÉS. CET ACTE DE RÉSISTANCE EST AUJOURD'HUI COMMÉMORÉ EN ALLEMAGNE COMME UN EXEMPLE DE COURAGE FACE À LA TYRANNIE.

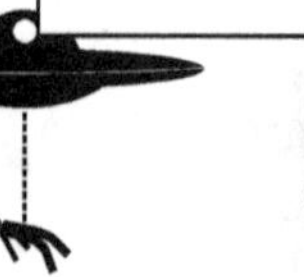

9

# GUNPOWDER PLOT

LA CONSPIRATION DE GUNPOWDER EST UNE TENTATIVE ÉCHOUÉE DE RENVERSEMENT DU GOUVERNEMENT ANGLAIS LE 5 NOVEMBRE 1605, ORCHESTRÉE PAR UN GROUPE DE CATHOLIQUES RADICAUX MENÉS PAR ROBERT CATESBY. LE PLAN CONSISTAIT À FAIRE EXPLOSER LA CHAMBRE DES LORDS LORS DE L'OUVERTURE DU PARLEMENT, TUANT AINSI LE ROI JAMES IER ET DE NOMBREUX NOBLES, POUR FACILITER L'INSTAURATION D'UN MONARQUE CATHOLIQUE. GUY FAWKES, CHARGÉ DE L'EXÉCUTION DU PLAN, FUT DÉCOUVERT ET ARRÊTÉ DANS LA CAVE DU PARLEMENT, OÙ IL GARDAIT 36 BARILS DE POUDRE À CANON. L'ÉCHEC DE LA CONSPIRATION A CONDUIT À L'ARRESTATION ET À L'EXÉCUTION DE LA PLUPART DES CONSPIRATEURS. LA « NUIT DES FEUX DE JOIE » OU « GUY FAWKES NIGHT » EST CÉLÉBRÉE CHAQUE ANNÉE AU ROYAUME-UNI POUR COMMÉMORER L'ÉCHEC DE CETTE CONSPIRATION.

10

# DREYFUS SCANDALE

L'AFFAIRE DREYFUS FUT UN PROFOND SCANDALE MILITAIRE ET POLITIQUE QUI SECOUA LA FRANCE ENTRE 1894 ET 1906. AU CŒUR DE L'AFFAIRE, ALFRED DREYFUS, UN OFFICIER D'ARTILLERIE JUIF DE L'ARMÉE FRANÇAISE, FUT FAUSSEMENT ACCUSÉ DE TRAHISON POUR AVOIR PRÉTENDUMENT TRANSMIS DES SECRETS MILITAIRES À L'EMPIRE ALLEMAND. CONDAMNÉ À LA DÉPORTATION PERPÉTUELLE SUR L'ÎLE DU DIABLE EN GUYANE FRANÇAISE, DREYFUS FUT VICTIME D'UN ANTISÉMITISME VIRULENT ET D'UNE MACHINATION JUDICIAIRE. L'AFFAIRE DIVISA PROFONDÉMENT LA SOCIÉTÉ FRANÇAISE ENTRE LES "DREYFUSARDS", PARTISANS DE SA RÉHABILITATION, MENÉS PAR DES FIGURES COMME ÉMILE ZOLA ET SON FAMEUX "J'ACCUSE…!", ET LES "ANTI-DREYFUSARDS", QUI REFUSAIENT DE REMETTRE EN QUESTION LE VERDICT. APRÈS DE LONGUES LUTTES ET REBONDISSEMENTS, DREYFUS FUT FINALEMENT RÉHABILITÉ EN 1906, SOULIGNANT LES PROFONDES FAILLES DE LA JUSTICE ET DE LA SOCIÉTÉ DE L'ÉPOQUE.

# 11

## LINCOLN TUÉ

LE 14 AVRIL 1865, LE PRÉSIDENT ABRAHAM LINCOLN FUT ASSASSINÉ PAR JOHN WILKES BOOTH, UN ACTEUR ET SYMPATHISANT SUDISTE, DANS UNE TENTATIVE DÉSESPÉRÉE DE RAVIVER LES CHANCES DES ÉTATS CONFÉDÉRÉS EN FIN DE GUERRE CIVILE AMÉRICAINE. BOOTH, AVEC L'AIDE DE PLUSIEURS COMPLICES, AVAIT INITIALEMENT PLANIFIÉ L'ENLÈVEMENT DE LINCOLN MAIS OPTA FINALEMENT POUR L'ASSASSINAT. LINCOLN FUT MORTELLEMENT BLESSÉ D'UNE BALLE DANS LA TÊTE ALORS QU'IL ASSISTAIT À UNE PIÈCE DE THÉÂTRE AU FORD'S THEATRE À WASHINGTON, D.C., ET SUCCOMBA À SES BLESSURES LE LENDEMAIN MATIN. LA MORT DE LINCOLN CHOQUA LA NATION ET MARQUA LE PREMIER ASSASSINAT D'UN PRÉSIDENT AMÉRICAIN, SOULIGNANT LA PROFONDE DIVISION ET LES TENSIONS POST-GUERRE CIVILE AUX ÉTATS-UNIS.

# 12

## SAINT-NICAISE

LE COMPLOT DE LA RUE SAINT-NICAISE, ÉGALEMENT CONNU SOUS LE NOM D'ATTENTAT DE LA MACHINE INFERNALE, FUT UNE TENTATIVE D'ASSASSINAT CONTRE NAPOLÉON BONAPARTE LE 24 DÉCEMBRE 1800. ALORS QUE NAPOLÉON ET SON ÉPOUSE JOSÉPHINE SE RENDAIENT À L'OPÉRA, UNE BARRIQUE REMPLIE DE POUDRE À CANON FUT DÉTONÉE AU PASSAGE DE LEUR CARROSSE DANS LA RUE SAINT-NICAISE À PARIS. LA DÉFLAGRATION TUA PLUSIEURS PERSONNES ET BLESSA DE NOMBREUSES AUTRES, MAIS NAPOLÉON EN SORTIT MIRACULEUSEMENT INDEMNE, RENFORÇANT PAR LA SUITE SON IMAGE DE DESTINÉE PROVIDENTIELLE. L'ATTENTAT FUT ORCHESTRÉ PAR DES ROYALISTES OPPOSÉS À SON RÉGIME, MAIS NAPOLÉON UTILISA L'ÉVÉNEMENT POUR INTENSIFIER SA RÉPRESSION CONTRE LES JACOBINS ET AUTRES ENNEMIS POLITIQUES, CONSOLIDANT AINSI SON POUVOIR AUTORITAIRE.

13

# PROTOCOLE SION

LES "PROTOCOLES DES SAGES DE SION" EST UN DES FAUX LES PLUS NOTOIRES ET PERNICIEUX DE L'HISTOIRE CONTEMPORAINE, PRÉTENDUMENT RÉVÉLANT UN PLAN SECRET ÉLABORÉ PAR DES LEADERS JUIFS POUR ATTEINDRE LA DOMINATION MONDIALE. PUBLIÉ POUR LA PREMIÈRE FOIS EN RUSSIE AU DÉBUT DU 20E SIÈCLE, CE DOCUMENT A ÉTÉ RAPIDEMENT DÉMASQUÉ COMME UNE FRAUDE, CONÇU POUR ALIMENTER L'ANTISÉMITISME ET JUSTIFIER LA PERSÉCUTION DES JUIFS. MALGRÉ SON DÉVOILEMENT EN TANT QUE FABRICATION, LES "PROTOCOLES" ONT ÉTÉ LARGEMENT UTILISÉS PAR LES ANTISÉMITES À TRAVERS LE MONDE, Y COMPRIS PAR LES NAZIS EN ALLEMAGNE, POUR PROPAGER DES THÉORIES DU COMPLOT CONTRE LES JUIFS. LEUR INFLUENCE NÉFASTE PERSISTE DANS CERTAINS MILIEUX JUSQU'À AUJOURD'HUI, RAPPELANT LA DANGEROSITÉ DES FAUSSES INFORMATIONS ET DES PRÉJUGÉS.

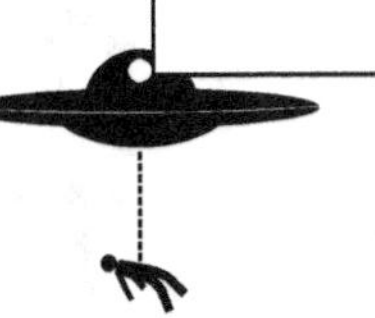

# 14

## HIMMLER FAUX-FLAG

L'OPÉRATION HIMMLER, ÉGALEMENT CONNUE SOUS LE NOM D'INCIDENTS DE GLEIWITZ, FUT UNE SÉRIE D'ATTAQUES SOUS FAUSSE BANNIÈRE ORCHESTRÉES PAR LES NAZIS EN AOÛT 1939 POUR CRÉER UN PRÉTEXTE À L'INVASION DE LA POLOGNE, MARQUANT LE DÉBUT DE LA SECONDE GUERRE MONDIALE. L'ATTAQUE LA PLUS CÉLÈBRE IMPLIQUAIT LA PRISE DE LA STATION DE RADIO DE GLEIWITZ PAR DES HOMMES HABILLÉS EN SOLDATS POLONAIS, QUI ONT ENSUITE DIFFUSÉ UN MESSAGE EN POLONAIS POUR JUSTIFIER L'AGRESSION ALLEMANDE. CES OPÉRATIONS, DIRIGÉES PAR HEINRICH HIMMLER ET REINHARD HEYDRICH, VISAIENT À MANIPULER L'OPINION PUBLIQUE ALLEMANDE ET INTERNATIONALE EN FAVEUR DE L'ALLEMAGNE NAZIE. L'OPÉRATION HIMMLER DÉMONTRE L'USAGE DE LA TROMPERIE ET DE LA PROPAGANDE COMME OUTILS DE GUERRE, AYANT DES CONSÉQUENCES DÉSASTREUSES SUR L'EUROPE ET LE MONDE.

15

# SEPTEMBRE CONSPIRE

LA CONSPIRATION DE SEPTEMBRE, SURVENUE EN 1797, FUT UNE TENTATIVE DE COUP D'ÉTAT CONTRE LE DIRECTOIRE, LE GOUVERNEMENT DE LA FRANCE RÉVOLUTIONNAIRE. ORCHESTRÉE PAR DES ROYALISTES ET DES MEMBRES MÉCONTENTS DU DIRECTOIRE, CETTE CONSPIRATION VISAIT À RENVERSER LE RÉGIME RÉPUBLICAIN ET À RESTAURER LA MONARCHIE. LES CONSPIRATEURS PRÉVOYAIENT DE S'APPUYER SUR LE MÉCONTENTEMENT POPULAIRE ET LE SOUTIEN DE L'ARMÉE POUR PRENDRE LE POUVOIR. CEPENDANT, LE COMPLOT FUT DÉCOUVERT ET DÉJOUÉ, ENTRAÎNANT L'ARRESTATION ET L'EXÉCUTION DE PLUSIEURS DE SES PARTICIPANTS. CET ÉVÉNEMENT A MENÉ AU COUP D'ÉTAT DU 18 FRUCTIDOR, PAR LEQUEL LE DIRECTOIRE A RENFORCÉ SON EMPRISE SUR LE POUVOIR EN ÉLIMINANT SES OPPOSANTS POLITIQUES, MARQUANT UNE ÉTAPE SUPPLÉMENTAIRE DANS LA MONTÉE DE L'AUTORITARISME PENDANT LA RÉVOLUTION FRANÇAISE.

## 16

# ROSENBERGS EXÉCUTÉS

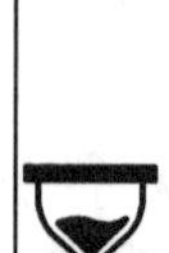

L'AFFAIRE ROSENBERG EST L'UN DES ÉPISODES LES PLUS CONTROVERSÉS DE LA GUERRE FROIDE, MARQUÉ PAR L'EXÉCUTION EN 1953 DE JULIUS ET ETHEL ROSENBERG, UN COUPLE AMÉRICAIN ACCUSÉ D'ESPIONNAGE AU PROFIT DE L'UNION SOVIÉTIQUE. ARRÊTÉS EN 1950, ILS FURENT CONDAMNÉS POUR AVOIR TRANSMIS DES INFORMATIONS SECRÈTES CONCERNANT LA BOMBE ATOMIQUE, UNE ACCUSATION PRINCIPALEMENT BASÉE SUR LES TÉMOIGNAGES DE MEMBRES DE LEUR FAMILLE ET D'AUTRES ACCUSÉS. MALGRÉ UN MANQUE DE PREUVES MATÉRIELLES DIRECTES ET UNE CAMPAGNE INTERNATIONALE DEMANDANT LEUR GRÂCE, ILS FURENT EXÉCUTÉS SUR LA CHAISE ÉLECTRIQUE, DEVENANT LES SEULS CIVILS AMÉRICAINS EXÉCUTÉS POUR ESPIONNAGE PENDANT LA GUERRE FROIDE. L'AFFAIRE A SUSCITÉ D'INTENSES DÉBATS SUR LA JUSTICE ET LE MACCARTHYSME, RÉVÉLANT LES PROFONDES PARANOÏAS ET DIVISIONS DE L'ÉPOQUE.

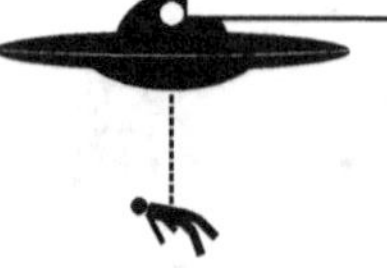

17

# NIXON WATERGATE

LE SCANDALE DU WATERGATE, QUI A ÉCLATÉ AU DÉBUT DES ANNÉES 1970, EST L'UN DES PLUS GRANDS SCANDALES POLITIQUES DE L'HISTOIRE DES ÉTATS-UNIS, ABOUTISSANT À LA DÉMISSION DU PRÉSIDENT RICHARD NIXON EN 1974. TOUT A COMMENCÉ AVEC LE CAMBRIOLAGE DU SIÈGE DU COMITÉ NATIONAL DÉMOCRATE AU COMPLEXE WATERGATE À WASHINGTON, D.C., PAR DES MEMBRES DE LA CAMPAGNE DE RÉÉLECTION DE NIXON. L'ENQUÊTE A RÉVÉLÉ QUE L'ADMINISTRATION NIXON ÉTAIT IMPLIQUÉE DANS UNE VASTE CAMPAGNE D'ESPIONNAGE ET DE SABOTAGE CONTRE SES OPPOSANTS POLITIQUES, AINSI QUE DANS DES EFFORTS POUR ENTRAVER LES INVESTIGATIONS. L'AFFAIRE A CONDUIT À DE NOMBREUSES ARRESTATIONS ET À LA DÉMISSION DE PLUSIEURS HAUTS FONCTIONNAIRES. L'IMPLICATION DE NIXON FUT PROUVÉE GRÂCE À L'ENREGISTREMENT DE CONVERSATIONS DANS LE BUREAU OVALE, LE FORÇANT À DÉMISSIONNER POUR ÉVITER LA DESTITUTION.

## 18

# AJAX RENVERSEMENT

L'OPÉRATION AJAX, ORCHESTRÉE EN 1953 PAR LA CIA ET LES SERVICES SECRETS BRITANNIQUES, VISAIT À RENVERSER LE PREMIER MINISTRE IRANIEN DÉMOCRATIQUEMENT ÉLU, MOHAMMAD MOSSADEGH. MOSSADEGH AVAIT NATIONALISÉ L'INDUSTRIE PÉTROLIÈRE IRANIENNE, JUSQUE-LÀ CONTRÔLÉE PAR LES BRITANNIQUES, PROVOQUANT UNE CRISE INTERNATIONALE. L'OPÉRATION A IMPLIQUÉ UNE CAMPAGNE DE DÉSINFORMATION, LE FINANCEMENT DE MANIFESTATIONS ANTIGOUVERNEMENTALES, ET LE SOUTIEN À DES FACTIONS MILITAIRES POUR MENER UN COUP D'ÉTAT. LE SUCCÈS DE L'OPÉRATION A ABOUTI À LA RESTAURATION DU POUVOIR DU SHAH D'IRAN, RENFORÇANT SON RÉGIME AUTORITAIRE AVEC LE SOUTIEN DES ÉTATS-UNIS, MAIS SEMANT ÉGALEMENT LES GRAINES DU MÉCONTENTEMENT QUI CONDUIRA À LA RÉVOLUTION IRANIENNE DE 1979. L'OPÉRATION AJAX EST SOUVENT CITÉE COMME UN EXEMPLE PRÉCOCE ET CONTROVERSÉ DE L'INGÉRENCE AMÉRICAINE DANS LES AFFAIRES ÉTRANGÈRES DURANT LA GUERRE FROIDE.

19

# FRANÇOIS-FERDINAND

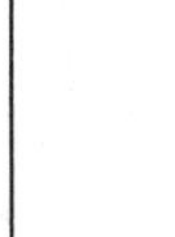

LE 28 JUIN 1914, L'ASSASSINAT DE L'ARCHIDUC FRANÇOIS-FERDINAND, HÉRITIER DU TRÔNE AUSTRO-HONGROIS, À SARAJEVO, A ÉTÉ L'ÉTINCELLE QUI A DÉCLENCHÉ LA PREMIÈRE GUERRE MONDIALE. L'ASSASSIN, GAVRILO PRINCIP, MEMBRE DU GROUPE NATIONALISTE SERBE JEUNE BOSNIE, SOUTENU PAR L'ORGANISATION SECRÈTE SERBE MAIN NOIRE, VISAIT À PROMOUVOIR LA LIBÉRATION DES SLAVES DU SUD SOUS DOMINATION AUSTRO-HONGROISE. CET ACTE A ENTRAÎNÉ UNE CHAÎNE DE DÉCLARATIONS DE GUERRE EN RAISON DES ALLIANCES COMPLEXES ENTRE LES GRANDES PUISSANCES EUROPÉENNES, PLONGEANT LE MONDE DANS UNE GUERRE D'UNE AMPLEUR ET D'UNE BRUTALITÉ INÉDITES. L'ASSASSINAT A SOULIGNÉ LES TENSIONS NATIONALISTES ET IMPÉRIALISTES DE L'ÉPOQUE, METTANT EN LUMIÈRE LA FRAGILITÉ DE LA PAIX INTERNATIONALE.

20

# ALUNISSAGE FALSIFIÉ

LA THÉORIE DU COMPLOT LUNAIRE AFFIRME QUE LES ALUNISSAGES DU PROGRAMME APOLLO, EN PARTICULIER APOLLO 11 EN 1969, AURAIENT ÉTÉ MIS EN SCÈNE PAR LA NASA ET LE GOUVERNEMENT AMÉRICAIN POUR REVENDIQUER LA VICTOIRE DANS LA COURSE À L'ESPACE CONTRE L'UNION SOVIÉTIQUE. LES PARTISANS DE CETTE THÉORIE S'APPUIENT SUR DIVERS "INDICES" PRÉTENDUMENT TROUVÉS DANS LES PHOTOS ET VIDÉOS DES MISSIONS, COMME L'ABSENCE D'ÉTOILES DANS LE CIEL LUNAIRE, LE COMPORTEMENT DU DRAPEAU AMÉRICAIN, OU LES OMBRES ET ÉCLAIRAGES JUGÉS INCOHÉRENTS. MALGRÉ LES PREUVES SCIENTIFIQUES ET LES TÉMOIGNAGES DES ASTRONAUTES EUX-MÊMES RÉFUTANT CES ALLÉGATIONS, LA THÉORIE DU COMPLOT CONTINUE DE CIRCULER, ILLUSTRANT LA MÉFIANCE ENVERS LES INSTITUTIONS GOUVERNEMENTALES ET LES GRANDES RÉALISATIONS SCIENTIFIQUES.

21

# POUDRIÈRE 1696

LE COMPLOT DE LA POUDRIÈRE DE 1696 ÉTAIT UNE TENTATIVE RATÉE D'ASSASSINER LE ROI GUILLAUME III D'ANGLETERRE, ORCHESTRÉE PAR DES JACOBITES, PARTISANS DE L'ANCIEN ROI JACQUES II, DÉTRÔNÉ LORS DE LA GLORIEUSE RÉVOLUTION DE 1688. LE PLAN CONSISTAIT À FAIRE EXPLOSER UNE MINE DE POUDRE À CANON AU PASSAGE DU ROI PRÈS D'UNE ÉCURIE ROYALE SUR SA ROUTE HABITUELLE. LA CONSPIRATION VISAIT À RESTAURER JACQUES II OU SON FILS SUR LE TRÔNE ANGLAIS, EN ÉLIMINANT GUILLAUME III, CONSIDÉRÉ COMME UN USURPATEUR PAR LES JACOBITES. LE COMPLOT FUT DÉCOUVERT AVANT SA RÉALISATION GRÂCE À UNE FUITE D'INFORMATION, MENANT À L'ARRESTATION ET À L'EXÉCUTION DE PLUSIEURS CONSPIRATEURS. CET ÉVÉNEMENT A RENFORCÉ LE SOUTIEN À GUILLAUME III TOUT EN EXACERBANT LA RÉPRESSION CONTRE LES JACOBITES EN ANGLETERRE.

22

# 20 JUILLET

LA CONSPIRATION DU 20 JUILLET 1944 REPRÉSENTE L'UN DES EFFORTS LES PLUS AUDACIEUX POUR ASSASSINER ADOLF HITLER, ORCHESTRÉ PAR UN GROUPE D'OFFICIERS ALLEMANDS MENÉ PAR LE COLONEL CLAUS SCHENK GRAF VON STAUFFENBERG. CES CONSPIRATEURS, ISSUS DE DIVERS RANGS DE L'ARMÉE ET DE L'ADMINISTRATION CIVILE, ÉTAIENT MOTIVÉS PAR LE DÉSIR DE METTRE FIN À LA GUERRE ET DE RENVERSER LE RÉGIME NAZI, QU'ILS JUGEAIENT CRIMINEL ET DÉSASTREUX POUR L'ALLEMAGNE. STAUFFENBERG A PLACÉ UNE BOMBE DANS LA SALLE DE RÉUNION DE LA WOLFSSCHANZE, LE QUARTIER GÉNÉRAL DE HITLER EN PRUSSE ORIENTALE, MAIS HITLER A SURVÉCU À L'EXPLOSION AVEC DES BLESSURES LÉGÈRES. L'ÉCHEC DE L'ATTENTAT A CONDUIT À UNE RÉPRESSION BRUTALE : STAUFFENBERG ET DES CENTAINES D'AUTRES CONSPIRATEURS ONT ÉTÉ EXÉCUTÉS. CET ACTE DE RÉSISTANCE EST COMMÉMORÉ EN ALLEMAGNE COMME UN EXEMPLE DE COURAGE MORAL FACE À LA TYRANNIE.

23

# LETTRES JUNIUS

ENTRE 1769 ET 1772, UNE SÉRIE DE LETTRES PUBLIÉES ANONYMEMENT DANS LE JOURNAL "THE PUBLIC ADVERTISER" À LONDRES, CONNUES SOUS LE NOM DE LETTRES DE JUNIUS, ONT VIVEMENT CRITIQUÉ LES PRINCIPALES FIGURES DU GOUVERNEMENT BRITANNIQUE, Y COMPRIS LE ROI GEORGE III, ACCUSANT CERTAINS D'ENTRE EUX DE CORRUPTION ET D'INCOMPÉTENCE. L'IDENTITÉ DE JUNIUS RESTE UN MYSTÈRE, ALIMENTANT LES SPÉCULATIONS SUR UNE POSSIBLE CONSPIRATION INTERNE AU SEIN DE L'ÉLITE POLITIQUE OU SOCIALE. CES LETTRES, PAR LEUR ÉLOQUENCE ET LEUR VIRULENCE, ONT EU UN IMPACT CONSIDÉRABLE SUR L'OPINION PUBLIQUE DE L'ÉPOQUE, EXACERBANT LES TENSIONS POLITIQUES ET SUSCITANT UN DÉBAT SUR LA LIBERTÉ DE PRESSE ET LA RESPONSABILITÉ GOUVERNEMENTALE. L'AFFAIRE DES LETTRES DE JUNIUS DEMEURE UN EXEMPLE PRÉCOCE DE L'INFLUENCE DE LA PRESSE ÉCRITE SUR LA POLITIQUE ET LA SOCIÉTÉ.

24

# JFK CONSPIRÉ

L'ASSASSINAT DU PRÉSIDENT JOHN F. KENNEDY À DALLAS, TEXAS, LE 22 NOVEMBRE 1963, A DONNÉ LIEU À DE NOMBREUSES THÉORIES DU COMPLOT, SUGGÉRANT QUE LEE HARVEY OSWALD N'AGISSAIT PAS SEUL OU QU'IL ÉTAIT LE PION DE FORCES PLUS IMPORTANTES. CES THÉORIES IMPLIQUENT DIVERS ACTEURS, Y COMPRIS LA MAFIA, LA CIA, LE KGB, OU MÊME LE VICE-PRÉSIDENT LYNDON B. JOHNSON, ARGUANT QUE L'ASSASSINAT ÉTAIT LE RÉSULTAT D'UN COMPLOT BIEN PLUS COMPLEXE QUE LA VERSION OFFICIELLE PRÉSENTÉE PAR LA COMMISSION WARREN, QUI A CONCLU À LA RESPONSABILITÉ UNIQUE D'OSWALD. LA PERSISTANCE DE CES THÉORIES DU COMPLOT REFLÈTE LES DOUTES ET LA MÉFIANCE DU PUBLIC ENVERS LES EXPLICATIONS GOUVERNEMENTALES, AINSI QUE L'IMPACT PROFOND DE CET ÉVÉNEMENT SUR LA SOCIÉTÉ AMÉRICAINE ET MONDIALE.

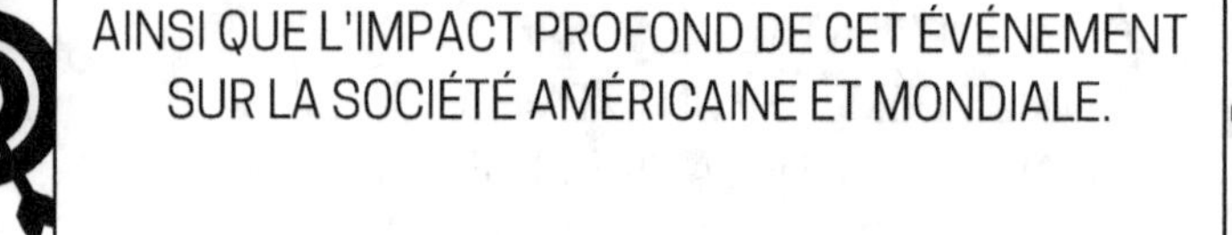

25

# NORTHWOODS PROJET

L'OPÉRATION NORTHWOODS ÉTAIT UN PLAN SECRET PROPOSÉ DANS LES ANNÉES 1960 PAR LES CHEFS D'ÉTAT-MAJOR INTERARMÉES DES ÉTATS-UNIS, MAIS JAMAIS EXÉCUTÉ. LE PLAN VISAIT À CRÉER UN SOUTIEN PUBLIC POUR UNE GUERRE CONTRE CUBA EN ORCHESTRANT UNE SÉRIE D'ATTAQUES TERRORISTES SUR LE SOL AMÉRICAIN, QUI SERAIENT FAUSSEMENT ATTRIBUÉES AU GOUVERNEMENT CUBAIN. PARMI LES PROPOSITIONS FIGURAIENT LE DÉTOURNEMENT D'AVIONS, LE NAUFRAGE DE BATEAUX DE RÉFUGIÉS CUBAINS, ET MÊME LA MISE EN SCÈNE DE VIOLENCES DANS LES VILLES AMÉRICAINES. L'OBJECTIF ÉTAIT DE PROVOQUER L'INDIGNATION PUBLIQUE ET DE JUSTIFIER UNE INTERVENTION MILITAIRE AMÉRICAINE POUR RENVERSER FIDEL CASTRO. LE PRÉSIDENT KENNEDY REJETA CES PROPOSITIONS, QUI FURENT FINALEMENT DÉCLASSIFIÉES ET RÉVÉLÉES AU PUBLIC, SOULEVANT DES QUESTIONS ÉTHIQUES SUR L'UTILISATION DE LA TROMPERIE ET DE LA MANIPULATION DANS LA POLITIQUE ÉTRANGÈRE.

26

# BABINGTON COMPLOT

LA CONSPIRATION DE BABINGTON, EN 1586, ÉTAIT UN COMPLOT VISANT À ASSASSINER LA REINE ELIZABETH I D'ANGLETERRE POUR RESTAURER LE CATHOLICISME ET PLACER MARIE, REINE DES ÉCOSSAIS, SUR LE TRÔNE. ANTHONY BABINGTON ET SES CO-CONSPIRATEURS, SOUTENUS PAR DES PUISSANCES CATHOLIQUES ÉTRANGÈRES, PRÉVOYAIENT DE LIBÉRER MARIE DE SA DÉTENTION ET D'INITIER UNE INVASION DE L'ANGLETERRE AVEC L'AIDE DE L'ESPAGNE. CEPENDANT, LE COMPLOT FUT DÉCOUVERT PAR LES ESPIONS D'ELIZABETH, MENÉS PAR SIR FRANCIS WALSINGHAM, GRÂCE À UN RÉSEAU SOPHISTIQUÉ DE SURVEILLANCE ET DE DÉCHIFFREMENT DE CODES. LES CONSPIRATEURS FURENT ARRÊTÉS ET EXÉCUTÉS, ET CET ÉVÉNEMENT PRÉCIPITA L'EXÉCUTION DE MARIE, REINE DES ÉCOSSAIS, CONSIDÉRÉE COMME COMPLICE, METTANT FIN À TOUTE PRÉTENTION CATHOLIQUE AU TRÔNE ANGLAIS.

# POUDRE À CANON

LA CONSPIRATION DE LA POUDRE À CANON, ÉGALEMENT CONNUE SOUS LE NOM DE CONSPIRATION DES POUDRES, EST L'UN DES COMPLOTS LES PLUS CÉLÈBRES DE L'HISTOIRE ANGLAISE. EN 1605, UN GROUPE DE CATHOLIQUES ANGLAIS, DIRIGÉ PAR ROBERT CATESBY ET INCLUANT GUY FAWKES, PLANIFIA D'ASSASSINER LE ROI JACQUES IER EN FAISANT EXPLOSER LE PARLEMENT LORS DE SON OUVERTURE, DANS LE BUT DE METTRE FIN À LA PERSÉCUTION DES CATHOLIQUES. LA CONSPIRATION FUT DÉJOUÉE LA VEILLE DE SA MISE À EXÉCUTION, LORSQUE GUY FAWKES FUT TROUVÉ GARDANT LES BARILS DE POUDRE DANS LES CAVES DU PARLEMENT. L'ÉCHEC DU COMPLOT A ENTRAÎNÉ L'EXÉCUTION DES CONSPIRATEURS ET A ÉTÉ COMMÉMORÉ CHAQUE ANNÉE PAR LA "NUIT DES FEUX DE JOIE" OU "GUY FAWKES NIGHT", OÙ DES FEUX D'ARTIFICE SONT TIRÉS ET DES FEUX ALLUMÉS À TRAVERS LE ROYAUME-UNI.

# 28

# RIBBENTROP-MOLOTOV

LE PACTE RIBBENTROP-MOLOTOV, SIGNÉ LE 23 AOÛT 1939, FUT UN ACCORD DE NON-AGRESSION ENTRE L'ALLEMAGNE NAZIE ET L'UNION SOVIÉTIQUE, NOMMÉ D'APRÈS LES MINISTRES DES AFFAIRES ÉTRANGÈRES DES DEUX PAYS, JOACHIM VON RIBBENTROP ET VIATCHESLAV MOLOTOV. CE PACTE CONTENAIT UN PROTOCOLE SECRET DIVISANT LES TERRITOIRES DE L'EUROPE DE L'EST ENTRE LES DEUX PUISSANCES, PRÉVOYANT L'INVASION ET LA PARTITION DE LA POLOGNE, AINSI QUE LA FIXATION DES SPHÈRES D'INFLUENCE SOVIÉTIQUE ET ALLEMANDE EN LITUANIE, LETTONIE, ESTONIE, FINLANDE ET ROUMANIE. CETTE ENTENTE CHOQUANTE PERMIT À HITLER D'ENVAHIR LA POLOGNE SANS CRAINDRE UNE INTERVENTION SOVIÉTIQUE, DÉCLENCHANT LA SECONDE GUERRE MONDIALE. ELLE RÉVÉLA ÉGALEMENT LES CALCULS CYNIQUES DES PUISSANCES TOTALITAIRES, PRÊTES À COMPROMETTRE LEURS IDÉOLOGIES POUR DES GAINS TERRITORIAUX ET STRATÉGIQUES.

29

# ÉGAUX BABEUF

LA CONSPIRATION DES ÉGAUX, MENÉE PAR FRANÇOIS-NOËL BABEUF, ALIAS GRACCHUS BABEUF, EN 1796, FUT UNE TENTATIVE DE RENVERSER LE DIRECTOIRE, LE GOUVERNEMENT DE LA FRANCE POST-RÉVOLUTIONNAIRE. BABEUF, INSPIRÉ PAR LES IDÉAUX D'ÉGALITÉ ET D'ÉQUITÉ DE LA RÉVOLUTION FRANÇAISE, PRÔNAIT L'ABOLITION DE LA PROPRIÉTÉ PRIVÉE ET LA DISTRIBUTION ÉQUITABLE DES TERRES ET DES RICHESSES. LA CONSPIRATION VISAIT À ÉTABLIR UNE COMMUNAUTÉ DE BIENS, MARQUANT AINSI L'UNE DES PREMIÈRES EXPRESSIONS DU COMMUNISME MODERNE. CEPENDANT, LE COMPLOT FUT DÉCOUVERT, ET BABEUF AINSI QUE PLUSIEURS DE SES CAMARADES FURENT ARRÊTÉS ET EXÉCUTÉS. LA CONSPIRATION DES ÉGAUX RESTE UN MOMENT SIGNIFICATIF DANS L'HISTOIRE DES IDÉES SOCIALISTES ET RÉVOLUTIONNAIRES, ILLUSTRANT LA LUTTE CONTINUE POUR L'ÉGALITÉ SOCIALE.

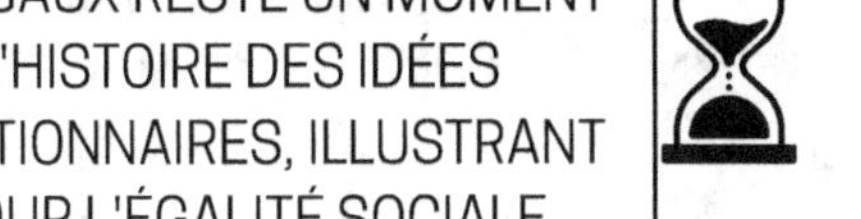

30

# PROCOPIO COMPLOT

L'AFFAIRE PROCOPIO EN 1861 FUT UNE TENTATIVE DE COUP D'ÉTAT CONTRE DOM PEDRO II, EMPEREUR DU BRÉSIL. MENÉE PAR ANTÔNIO DE SÁ E ALBUQUERQUE, SURNOMMÉ "PROCOPIO", CE COMPLOT VISAIT À RENVERSER LA MONARCHIE BRÉSILIENNE ET À ÉTABLIR UN GOUVERNEMENT RÉPUBLICAIN. LES CONSPIRATEURS, PRINCIPALEMENT DES MILITAIRES MÉCONTENTS DE L'INFLUENCE CROISSANTE DES CIVILS DANS LE GOUVERNEMENT ET DE LA POLITIQUE CENTRALISATRICE DE L'EMPEREUR, ONT PLANIFIÉ DE S'EMPARER DE RIO DE JANEIRO. CEPENDANT, L'AFFAIRE A ÉTÉ RAPIDEMENT ÉTOUFFÉE PAR LES AUTORITÉS, ET LES PARTICIPANTS, Y COMPRIS PROCOPIO, ONT ÉTÉ ARRÊTÉS. BIEN QUE PEU CONNUE, L'AFFAIRE PROCOPIO ILLUSTRE LES TENSIONS POLITIQUES INTERNES AU BRÉSIL IMPÉRIAL ET PRÉFIGURE LES MOUVEMENTS RÉPUBLICAINS QUI ABOUTIRONT À LA CHUTE DE LA MONARCHIE EN 1889.

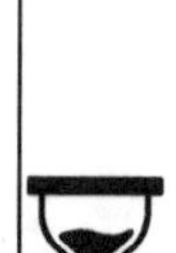

31

# QUIBERON INVASION

LA CONSPIRATION DE QUIBERON EN 1795 FUT UNE TENTATIVE DÉSASTREUSE DES ÉMIGRÉS FRANÇAIS ET DE LA MONARCHIE EN EXIL, AVEC LE SOUTIEN DE LA GRANDE-BRETAGNE, D'ENVAHIR LA FRANCE RÉVOLUTIONNAIRE ET DE RESTAURER LA MONARCHIE. CETTE EXPÉDITION SE CONCENTRA SUR LA PÉNINSULE DE QUIBERON, EN BRETAGNE, OÙ LES FORCES ROYALISTES PRÉVOYAIENT DE RALLIER LES SOUTIENS LOCAUX CONTRE LA RÉPUBLIQUE. CEPENDANT, L'OPÉRATION ÉCHOUA FACE À LA RÉSISTANCE DES TROUPES RÉPUBLICAINES ET À DES PROBLÈMES DE COORDINATION. LA DÉFAITE DES ROYALISTES À QUIBERON ENTRAÎNA DES CENTAINES D'EXÉCUTIONS SOMMAIRES PAR LES FORCES RÉPUBLICAINES ET MARQUA UN TOURNANT DÉCISIF, DISSUADANT LES FUTURES TENTATIVES D'INVASION ROYALISTE ET CONSOLIDANT LA RÉPUBLIQUE FRANÇAISE. CET ÉPISODE TRAGIQUE SOULIGNE LES DIVISIONS PROFONDES ET LES LUTTES ACHARNÉES DE LA PÉRIODE RÉVOLUTIONNAIRE FRANÇAISE.

# HITLER ATTENTAT

LE COMPLOT POUR ASSASSINER ADOLF HITLER EN 1939, ÉGALEMENT CONNU SOUS LE NOM DE "BOMBE DE LA BÜRGERBRÄUKELLER", FUT LA PREMIÈRE TENTATIVE SÉRIEUSE D'ÉLIMINER LE FÜHRER. ORCHESTRÉE PAR GEORG ELSER, UN CHARPENTIER ET OPPOSANT AU RÉGIME NAZI, CETTE TENTATIVE D'ASSASSINAT VISAIT À TUER HITLER LORS D'UN DISCOURS ANNUEL DANS LA BRASSERIE BÜRGERBRÄUKELLER À MUNICH. ELSER AVAIT MINUTIEUSEMENT PLACÉ UNE BOMBE À RETARDEMENT DANS UN PILIER DERRIÈRE LA TRIBUNE OÙ HITLER DEVAIT PARLER. CEPENDANT, PAR UN CONCOURS DE CIRCONSTANCES, HITLER QUITTA L'ÉVÉNEMENT PLUS TÔT QUE PRÉVU, ÉCHAPPANT À L'EXPLOSION QUI TUA HUIT PERSONNES ET EN BLESSA DES DIZAINES. ELSER FUT CAPTURÉ, EMPRISONNÉ ET FINALEMENT EXÉCUTÉ PEU AVANT LA FIN DE LA GUERRE. SON ACTE SOLITAIRE DE RÉSISTANCE RESTE UN EXEMPLE POIGNANT DE COURAGE INDIVIDUEL FACE À LA TYRANNIE.

33

# CELLULES FEU

LA CONSPIRATION DES CELLULES DE FEU (CCF) EST UN GROUPE ANARCHISTE GREC, FORMÉ EN 2008, CONNU POUR SA CAMPAGNE D'ATTAQUES À LA BOMBE ET SES PROJETS SUBVERSIFS CONTRE DES CIBLES SYMBOLIQUES REPRÉSENTANT L'ÉTAT ET LE CAPITALISME. CE RÉSEAU, FAISANT PARTIE D'UN MOUVEMENT ANARCHISTE PLUS LARGE EN GRÈCE, A REVENDIQUÉ LA RESPONSABILITÉ DE PLUSIEURS ATTENTATS À LA BOMBE, VISANT DES INSTITUTIONS GOUVERNEMENTALES, DES BANQUES ET DES ENTREPRISES, DANS LE BUT DE SAPER LES STRUCTURES DE POUVOIR ET DE PROVOQUER UNE RÉVOLTE SOCIALE. LA RÉPONSE DE L'ÉTAT A ÉTÉ UNE RÉPRESSION SÉVÈRE, AVEC L'ARRESTATION ET LA CONDAMNATION DE NOMBREUX MEMBRES DU GROUPE. LA CCF CONTINUE D'ÊTRE UN SYMBOLE DE LA RÉSISTANCE RADICALE EN GRÈCE, SOULIGNANT LES TENSIONS SOCIALES ET POLITIQUES PERSISTANTES DANS LE PAYS.

34

# CONDOR RÉPRESSION

L'OPÉRATION CONDOR ÉTAIT UNE CAMPAGNE COORDONNÉE DE RÉPRESSION POLITIQUE ET DE TERRORISME D'ÉTAT EN AMÉRIQUE DU SUD, MENÉE DANS LES ANNÉES 1970 ET 1980 PAR LES RÉGIMES DICTATORIAUX DE PLUSIEURS PAYS, NOTAMMENT L'ARGENTINE, LE CHILI, L'URUGUAY, LE PARAGUAY, LA BOLIVIE ET LE BRÉSIL, AVEC LE SOUTIEN TACITE DE LA CIA. CETTE OPÉRATION VISAIT À ÉLIMINER L'OPPOSITION POLITIQUE, Y COMPRIS LES DISSIDENTS, LES ACTIVISTES DE GAUCHE, LES SYNDICALISTES ET LES INTELLECTUELS, CONSIDÉRÉS COMME UNE MENACE POUR CES RÉGIMES AUTORITAIRES. L'OPÉRATION CONDOR SE CARACTÉRISAIT PAR DES ENLÈVEMENTS, DES TORTURES, DES ASSASSINATS ET DES DISPARITIONS FORCÉES DE MILLIERS DE PERSONNES. ELLE SYMBOLISE L'UNE DES PÉRIODES LES PLUS SOMBRES DE L'HISTOIRE RÉCENTE DE L'AMÉRIQUE DU SUD, RÉVÉLANT L'ÉTENDUE DE LA COLLABORATION TRANSNATIONALE DANS LA RÉPRESSION DES MOUVEMENTS DÉMOCRATIQUES ET DES DROITS DE L'HOMME.

35

# VENNER ÉCHEC

LE COMPLOT DE VENNER EN 1626 FUT UNE TENTATIVE RATÉE DE COUP D'ÉTAT CONTRE LE ROI CHARLES IER D'ANGLETERRE, ORCHESTRÉE PAR THOMAS VENNER, UN FERVENT PURITAIN. VENNER ET SES PARTISANS, MÉCONTENTS DE LA POLITIQUE RELIGIEUSE DU ROI ET DE SON INCLINAISON VERS LE CATHOLICISME, PRÉVOYAIENT DE S'EMPARER DE LA TOUR DE LONDRES ET D'AUTRES SITES CLÉS POUR RENVERSER LE GOUVERNEMENT ET ÉTABLIR UN RÉGIME PLUS CONFORME À LEURS CONVICTIONS PURITAINES. CEPENDANT, LE COMPLOT FUT DÉCOUVERT AVANT SA MISE EN ŒUVRE, ET VENNER AINSI QUE PLUSIEURS CONSPIRATEURS FURENT ARRÊTÉS ET EXÉCUTÉS. CET ÉVÉNEMENT ILLUSTRE LES TENSIONS RELIGIEUSES ET POLITIQUES PROFONDES QUI AGITAIENT L'ANGLETERRE DU XVIIE SIÈCLE, PRÉFIGURANT LES CONFLITS PLUS LARGES QUI ABOUTIRAIENT À LA GUERRE CIVILE.

# 36

## CYRUS CONSPIRATION

LA CONSPIRATION DE CYRUS LE JEUNE CONTRE ARTAXERXÈS II REPRÉSENTE L'UN DES ÉPISODES LES PLUS DRAMATIQUES DE L'HISTOIRE DE L'EMPIRE PERSE. EN 401 AV. J.-C., CYRUS LE JEUNE, FRÈRE CADET DU ROI ARTAXERXÈS II, ORGANISA UNE ARMÉE MASSIVE, INCLUANT DES MERCENAIRES GRECS, DANS LE BUT SECRET DE DÉTRÔNER SON FRÈRE. LA MARCHE DE CYRUS VERS LE CENTRE DE L'EMPIRE CULMINA DANS LA BATAILLE DE COUNAXA, OÙ, MALGRÉ L'EFFICACITÉ DE SES FORCES, CYRUS FUT TUÉ, METTANT FIN À SA QUÊTE DU TRÔNE. L'EXPÉDITION DE CYRUS ET LA RETRAITE SUBSÉQUENTE DES DIX MILLE, UN CORPS DE MERCENAIRES GRECS, À TRAVERS DES TERRITOIRES HOSTILES, ONT ÉTÉ IMMORTALISÉES PAR XÉNOPHON DANS SON ŒUVRE "L'ANABASE", FOURNISSANT UN TÉMOIGNAGE PRÉCIEUX SUR LES INTRIGUES DYNASTIQUES ET LES AMBITIONS PERSONNELLES AU SEIN DE L'EMPIRE PERSE.

37

# IRAN-CONTRA

LE SCANDALE IRAN-CONTRA, SURVENU DANS LES ANNÉES 1980 SOUS LA PRÉSIDENCE DE RONALD REAGAN, A RÉVÉLÉ UN ARRANGEMENT COMPLEXE ET CLANDESTIN IMPLIQUANT LES ÉTATS-UNIS. EN VIOLATION DE L'EMBARGO SUR LES ARMES, L'ADMINISTRATION AMÉRICAINE A SECRÈTEMENT VENDU DES ARMES À L'IRAN, ALORS EN PLEINE GUERRE CONTRE L'IRAK, DANS L'ESPOIR DE SÉCURISER LA LIBÉRATION D'OTAGES AMÉRICAINS DÉTENUS AU LIBAN PAR DES GROUPES LIÉS À L'IRAN. LES BÉNÉFICES DE CES VENTES D'ARMES ONT ÉTÉ ILLÉGALEMENT DÉTOURNÉS POUR FINANCER LES CONTRAS, DES REBELLES LUTTANT CONTRE LE GOUVERNEMENT SANDINISTE AU NICARAGUA, MALGRÉ UNE INTERDICTION EXPLICITE DU CONGRÈS AMÉRICAIN. L'AFFAIRE A ÉCLATÉ AU GRAND JOUR EN 1986, PROVOQUANT UN SCANDALE MAJEUR QUI A MIS EN LUMIÈRE LES OPÉRATIONS SECRÈTES ET LES POLITIQUES CONTROVERSÉES DES ÉTATS-UNIS EN AMÉRIQUE CENTRALE ET AU MOYEN-ORIENT, ÉBRANLANT LA CONFIANCE DU PUBLIC ENVERS LE GOUVERNEMENT AMÉRICAIN.

38

# NOUVEL ORDRE

LA THÉORIE DU COMPLOT DU NOUVEL ORDRE MONDIAL (NOM) EST UNE CROYANCE SELON LAQUELLE UN GROUPE SECRET ET PUISSANT DE L'ÉLITE MONDIALE CONSPIRE POUR INSTAURER UNE GOUVERNANCE MONDIALE TOTALITAIRE. SELON CETTE THÉORIE, CE GROUPE UTILISERAIT DES MÉCANISMES DE CONTRÔLE ÉCONOMIQUE, POLITIQUE ET MÉDIATIQUE POUR MANIPULER LES ÉVÉNEMENTS MONDIAUX ET ÉTABLIR UN GOUVERNEMENT UNIQUE QUI RÉGIRAIT L'ENSEMBLE DE LA POPULATION MONDIALE, SUPPRIMANT LES NATIONS SOUVERAINES ET LES LIBERTÉS INDIVIDUELLES. LES THÉORICIENS DU COMPLOT DU NOM CITENT SOUVENT DES ORGANISATIONS INTERNATIONALES TELLES QUE LES NATIONS UNIES, LE FONDS MONÉTAIRE INTERNATIONAL, LA BANQUE MONDIALE ET LES SOMMETS DU GROUPE BILDERBERG COMME FAÇADES DE CETTE CONSPIRATION. MALGRÉ SON MANQUE DE PREUVES CRÉDIBLES, CETTE THÉORIE CONTINUE DE TROUVER ÉCHO CHEZ CERTAINS, REFLÉTANT DES PEURS PLUS LARGES CONCERNANT LA MONDIALISATION ET L'ÉROSION DE LA SOUVERAINETÉ NATIONALE.

39

# HENRI IV MORT

LE 14 MAI 1610, LE ROI HENRI IV DE FRANCE FUT ASSASSINÉ PAR FRANÇOIS RAVAILLAC, UN FANATIQUE CATHOLIQUE, DANS LES RUES DE PARIS. RAVAILLAC, MOTIVÉ PAR UNE OPPOSITION RELIGIEUSE AUX POLITIQUES D'HENRI IV, NOTAMMENT SON SOUTIEN À LA TOLÉRANCE RELIGIEUSE ILLUSTRÉE PAR L'ÉDIT DE NANTES DE 1598, QUI ACCORDAIT LA LIBERTÉ DE CULTE AUX PROTESTANTS (HUGUENOTS) EN FRANCE, POIGNARDA LE ROI À MORT DANS SON CARROSSE. L'ASSASSINAT D'HENRI IV, UN MONARQUE POPULAIRE CONSIDÉRÉ COMME UNIFICATEUR DE LA FRANCE APRÈS LES GUERRES DE RELIGION, A PLONGÉ LE PAYS DANS LE DEUIL ET LA CONSTERNATION. BIEN QUE L'ACTE AIT ÉTÉ CELUI D'UN INDIVIDU, DES SPÉCULATIONS ONT ÉMERGÉ SUR LE POSSIBLE SOUTIEN DE FACTIONS OPPOSÉES À LA POLITIQUE D'HENRI, NOTAMMENT PARMI LES EXTRÉMISTES CATHOLIQUES. RAVAILLAC FUT RAPIDEMENT CAPTURÉ, SUBIT UN PROCÈS SOMMAIRE ET EXÉCUTÉ DANS DES CONDITIONS PARTICULIÈREMENT BRUTALES, METTANT EN LUMIÈRE LES TENSIONS RELIGIEUSES PERSISTANTES EN FRANCE.

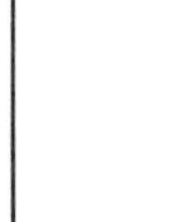

40

# MAIN NOIRE

LA CONSPIRATION DE LA MAIN NOIRE, OFFICIELLEMENT CONNUE SOUS LE NOM D'UNION OU MORT, ÉTAIT UNE ORGANISATION SECRÈTE NATIONALISTE SERBE FONDÉE EN 1911, IMPLIQUÉE DANS L'ASSASSINAT DE L'ARCHIDUC FRANÇOIS-FERDINAND D'AUTRICHE EN 1914. DIRIGÉE PAR LE COLONEL DRAGUTIN DIMITRIJEVIĆ, ALIAS APIS, ELLE AVAIT POUR OBJECTIF LA CRÉATION D'UNE GRANDE SERBIE EN LIBÉRANT LES SLAVES DU SUD DE L'EMPIRE AUSTRO-HONGROIS. LE 28 JUIN 1914, GAVRILO PRINCIP, MEMBRE DE LA JEUNE BOSNIE ET ASSOCIÉ À LA MAIN NOIRE, ASSASSINA FRANÇOIS-FERDINAND À SARAJEVO, UN ACTE QUI DÉCLENCHA UNE SÉRIE D'ÉVÉNEMENTS MENANT À LA PREMIÈRE GUERRE MONDIALE. L'IMPLICATION DE LA MAIN NOIRE DANS CET ASSASSINAT ET SES ACTIVITÉS SUBVERSIVES ONT SOULIGNÉ LES TENSIONS NATIONALISTES DANS LES BALKANS ET LEUR RÔLE DANS L'INSTABILITÉ POLITIQUE EUROPÉENNE DE L'ÉPOQUE.

41

# SLAVES RÉVOLTE

LA CONSPIRATION DES SLAVES EN 1844 FUT UN MOUVEMENT SECRET ORCHESTRÉ PAR DES NATIONALISTES POLONAIS, VISANT À RENVERSER LA DOMINATION RUSSE EN POLOGNE ET À RESTAURER L'INDÉPENDANCE POLONAISE. À CETTE ÉPOQUE, LA POLOGNE ÉTAIT PARTAGÉE ENTRE LA RUSSIE, LA PRUSSE ET L'AUTRICHE, SANS ÉTAT POLONAIS INDÉPENDANT. LES CONSPIRATEURS, INSPIRÉS PAR LES IDÉAUX DE LIBERTÉ ET D'INDÉPENDANCE NATIONALE, PRÉVOYAIENT DE SOULEVER UN SOULÈVEMENT ARMÉ CONTRE LES AUTORITÉS TSARISTES. CEPENDANT, LE COMPLOT FUT DÉCOUVERT PAR LA POLICE SECRÈTE RUSSE AVANT QU'IL NE PUISSE ÊTRE MIS EN ŒUVRE, CONDUISANT À L'ARRESTATION ET À L'EXIL DE NOMBREUX PARTICIPANTS. CETTE CONSPIRATION EST UN EXEMPLE DES NOMBREUSES LUTTES POUR L'INDÉPENDANCE NATIONALE EN EUROPE AU XIXE SIÈCLE, SOULIGNANT LE DÉSIR DE SOUVERAINETÉ DES PEUPLES ASSUJETTIS.

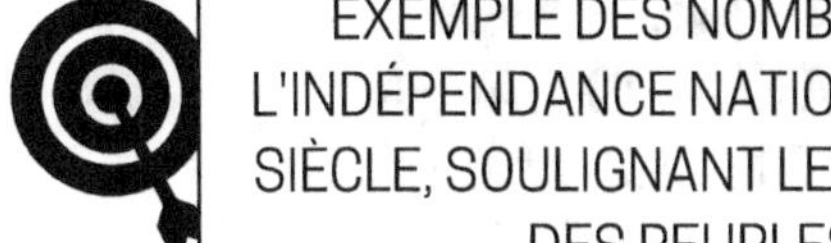

42

# CAGOULE FASCISTE

L'AFFAIRE DE LA CAGOULE, ÉGALEMENT CONNUE SOUS LE NOM DE COMPLOT FASCISTE EN FRANCE, FUT UN COMPLOT OURDI EN 1936-1937 PAR L'ORGANISATION SECRÈTE D'EXTRÊME DROITE, LA CAGOULE (OFFICIELLEMENT APPELÉE COMITÉ SECRET D'ACTION RÉVOLUTIONNAIRE). CETTE ORGANISATION CONSPIRAIT POUR RENVERSER LA TROISIÈME RÉPUBLIQUE FRANÇAISE ET INSTALLER UN RÉGIME AUTORITAIRE FASCISTE. LA CAGOULE, MÉCONTENTE DU FRONT POPULAIRE ET CRAIGNANT L'AVÈNEMENT DU COMMUNISME EN FRANCE, PLANIFIA DES ASSASSINATS DE FIGURES POLITIQUES DE HAUT RANG ET DES ATTENTATS À LA BOMBE POUR CRÉER UN CLIMAT DE PEUR ET DÉSTABILISER LE GOUVERNEMENT. LEUR PLAN FUT DÉCOUVERT PAR LES SERVICES DE SÉCURITÉ FRANÇAIS AVANT QU'ILS NE PUISSENT EXÉCUTER LEURS PROJETS LES PLUS AMBITIEUX. L'AFFAIRE DE LA CAGOULE RÉVÈLE LES TENSIONS POLITIQUES ET SOCIALES EN FRANCE AVANT LA SECONDE GUERRE MONDIALE ET ILLUSTRE LES MENACES INTERNES AUXQUELLES LES DÉMOCRATIES PEUVENT ÊTRE CONFRONTÉES EN PÉRIODE DE TURBULENCES.

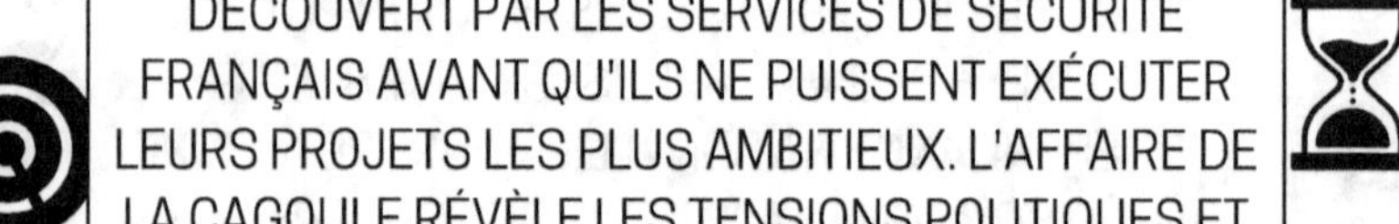

43

# PRAIEIRA RÉBELLION

LE COMPLOT DE PRAIEIRA FUT LA DERNIÈRE DES RÉVOLUTIONS RÉGIONALES BRÉSILIENNES DU XIXE SIÈCLE, SE DÉROULANT DANS LA PROVINCE DE PERNAMBUCO ENTRE 1848 ET 1852. CETTE RÉBELLION FUT NOMMÉE D'APRÈS LA RUE PRAIA (PLAGE) À RECIFE, OÙ SE RASSEMBLAIENT SES PARTISANS. ELLE A ÉCLATÉ EN RÉPONSE AUX TENSIONS POLITIQUES ET ÉCONOMIQUES ENTRE LA RÉGION ET LE GOUVERNEMENT CENTRAL DE L'EMPIRE DU BRÉSIL, EXACERBÉES PAR LA CONCENTRATION DU POUVOIR ENTRE LES MAINS DE QUELQUES ÉLITES ET PAR L'IMPACT DES TARIFS DOUANIERS SUR L'ÉCONOMIE LOCALE. LES PRAIEIROS, MENÉS PAR DES FIGURES TELLES QUE PEDRO IVO VELOSO DA SILVEIRA, ONT REVENDIQUÉ DES RÉFORMES LIBÉRALES, INCLUANT LA LIBERTÉ DE PRESSE, LE COMMERCE LIBRE ET L'EXTENSION DU DROIT DE VOTE. LA RÉVOLTE A ÉTÉ VIOLEMMENT RÉPRIMÉE PAR LES FORCES GOUVERNEMENTALES, MARQUANT LA FIN D'UNE ÈRE DE SOULÈVEMENTS RÉGIONAUX AU BRÉSIL, MAIS LAISSANT UN HÉRITAGE DURABLE DE DÉSIR DE RÉFORMES ET D'AUTONOMIE RÉGIONALE.

44

# YANACONA SOULÈVEMENT

LA CONSPIRATION DE YANACONA, ÉGALEMENT CONNUE SOUS LE NOM DE RÉVOLTE DES COMUNEROS EN NOUVELLE-GRENADE (ACTUELLE COLOMBIE), A ÉCLATÉ EN 1781 EN RÉPONSE À DES CHARGES FISCALES OPPRESSIVES ET À L'EXPLOITATION ÉCONOMIQUE IMPOSÉES PAR LES AUTORITÉS COLONIALES ESPAGNOLES. LES INDIGÈNES, MÉTIS, ET CERTAINS SEGMENTS DE LA POPULATION COLONIALE SE SONT UNIS SOUS LA DIRECTION DE LEADERS TELS QUE MANUELA BELTRÁN ET JOSÉ ANTONIO GALÁN, REVENDIQUANT UNE RÉDUCTION DES TAXES ET UNE AMÉLIORATION DES CONDITIONS SOCIALES ET ÉCONOMIQUES. BIEN QUE LA RÉVOLTE AIT INITIALEMENT RÉUSSI À NÉGOCIER CERTAINES CONCESSIONS, LES AUTORITÉS COLONIALES ONT RAPIDEMENT RENIÉ LEURS PROMESSES, MENANT À UNE RÉPRESSION BRUTALE DES RÉVOLTÉS. LA CONSPIRATION DE YANACONA EST DEVENUE UN SYMBOLE DE LA LUTTE POUR LA JUSTICE SOCIALE ET L'INDÉPENDANCE EN COLOMBIE, METTANT EN LUMIÈRE LES TENSIONS SOUS-JACENTES QUI CONTRIBUERONT PLUS TARD AUX MOUVEMENTS D'INDÉPENDANCE EN AMÉRIQUE LATINE.

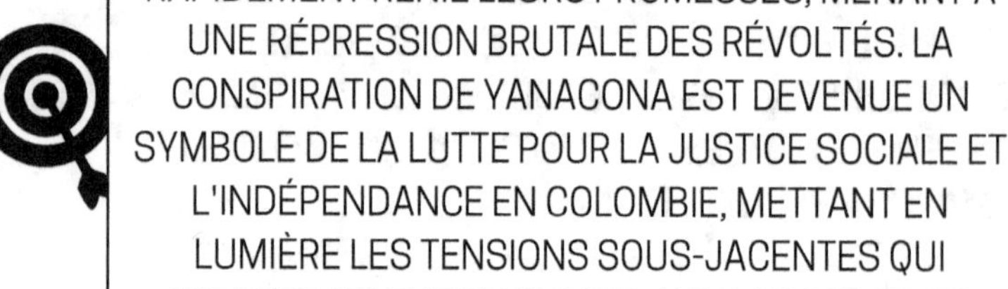

45

# GLADIO OPÉRATION

L'OPÉRATION GLADIO ÉTAIT LE NOM DE CODE D'UN RÉSEAU CLANDESTIN DE "STAY-BEHIND" EN EUROPE, MIS EN PLACE APRÈS LA SECONDE GUERRE MONDIALE PAR L'OTAN, AVEC LE SOUTIEN DES ÉTATS-UNIS ET DU ROYAUME-UNI. SON OBJECTIF ÉTAIT DE PRÉPARER UNE RÉSISTANCE ARMÉE EN CAS D'INVASION SOVIÉTIQUE OU DE PRISE DE POUVOIR PAR DES PARTIS COMMUNISTES DANS LES PAYS MEMBRES DE L'OTAN. CES UNITÉS SECRÈTES ÉTAIENT COMPOSÉES DE CIVILS ET DE MILITAIRES, FORMÉS À LA GUÉRILLA, AU SABOTAGE ET AUX TACTIQUES D'ESPIONNAGE. L'EXISTENCE DE GLADIO ET DE RÉSEAUX SIMILAIRES DANS D'AUTRES PAYS EUROPÉENS A ÉTÉ OFFICIELLEMENT RECONNUE DANS LES ANNÉES 1990, SOULEVANT DES QUESTIONS CONTROVERSÉES SUR LEUR IMPLICATION DANS DES ACTES DE TERRORISME, DES COUPS D'ÉTAT ET DES STRATÉGIES DE TENSION DURANT LA GUERRE FROIDE, DANS LE BUT DE MANIPULER LA POLITIQUE INTÉRIEURE DES PAYS EUROPÉENS.

# 46

# JUILLET COMPLOT

LE COMPLOT DE JUILLET 1944, ÉGALEMENT CONNU SOUS LE NOM D'OPÉRATION VALKYRIE, FUT UNE TENTATIVE D'ASSASSINAT CONTRE ADOLF HITLER ET DE COUP D'ÉTAT ORCHESTRÉE PAR DES OFFICIERS DE LA WEHRMACHT ET DES MEMBRES DE LA RÉSISTANCE ALLEMANDE. MENÉ PAR LE COLONEL CLAUS VON STAUFFENBERG, LE COMPLOT VISAIT À ÉLIMINER HITLER AVEC UNE BOMBE LORS D'UNE RÉUNION À LA WOLFSSCHANZE, SON QUARTIER GÉNÉRAL EN PRUSSE ORIENTALE, ET À UTILISER LE PLAN D'URGENCE DE L'ARMÉE, NOMMÉ OPERATION VALKYRIE, POUR PRENDRE LE CONTRÔLE DU GOUVERNEMENT. LA BOMBE EXPLOSA LE 20 JUILLET 1944, MAIS HITLER SURVÉCUT AVEC DES BLESSURES LÉGÈRES. L'ÉCHEC DE L'ASSASSINAT A CONDUIT À UNE RÉPRESSION BRUTALE : VON STAUFFENBERG ET DES MILLIERS DE CONSPIRATEURS PRÉSUMÉS ONT ÉTÉ EXÉCUTÉS, METTANT FIN À L'UN DES EFFORTS LES PLUS AUDACIEUX POUR RENVERSER LE RÉGIME NAZI DE L'INTÉRIEUR.

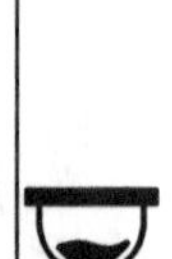

47

# MK-ULTRA SECRETS

MK-ULTRA ÉTAIT UN PROGRAMME DE RECHERCHE CLANDESTIN MENÉ PAR LA CIA DES ANNÉES 1950 AUX ANNÉES 1970, VISANT À DÉVELOPPER DES TECHNIQUES DE CONTRÔLE MENTAL ET D'INTERROGATOIRE. CE PROGRAMME A INCLUS DES EXPÉRIENCES SUR DES HUMAINS, SOUVENT SANS LEUR CONSENTEMENT, IMPLIQUANT L'ADMINISTRATION DE DROGUES PSYCHÉDÉLIQUES COMME LE LSD, AINSI QUE D'AUTRES MÉTHODES PSYCHOLOGIQUES ET CHIMIQUES. LES OBJECTIFS ÉTAIENT D'EXPLORER LES POSSIBILITÉS DE MANIPULATION MENTALE À DES FINS D'ESPIONNAGE OU DE CONTRE-ESPIONNAGE. MK-ULTRA EST DEVENU UN PILIER DES THÉORIES DU COMPLOT, ALIMENTANT DES SPÉCULATIONS SUR L'ÉTENDUE ET LES OBJECTIFS ULTIMES DU PROGRAMME, NOTAMMENT L'INFLUENCE SUR DES ÉVÉNEMENTS HISTORIQUES OU LE CONTRÔLE DE L'ESPRIT À GRANDE ÉCHELLE. LES DÉTAILS DE MK-ULTRA ONT ÉTÉ PROGRESSIVEMENT RÉVÉLÉS AU PUBLIC À TRAVERS DIVERSES ENQUÊTES ET DIVULGATIONS, CONFIRMANT CERTAINES DES PRATIQUES CONTROVERSÉES DE LA CIA.

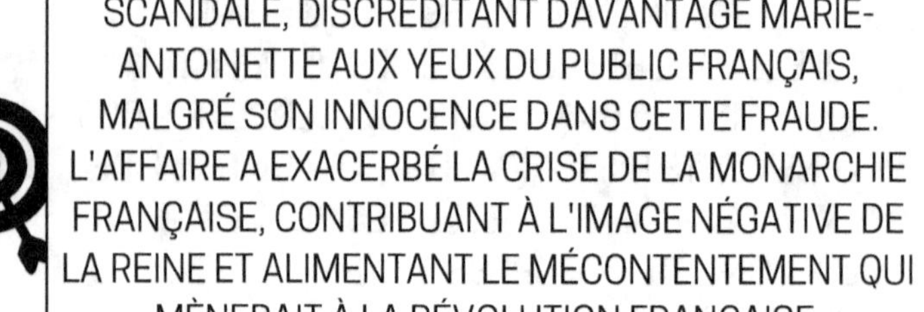

48

# BRACELETS SCANDALE

L'AFFAIRE DES BRACELETS, SURVENUE EN 1784, FUT UN SCANDALE NOTOIRE IMPLIQUANT MARIE-ANTOINETTE, LA REINE DE FRANCE, ET UN COLLIER DE DIAMANTS EXTRÊMEMENT COÛTEUX. CETTE AFFAIRE COMMENCE LORSQUE LE CARDINAL DE ROHAN EST DUPÉ EN CROYANT QU'IL AGISSAIT SUR LES ORDRES DE LA REINE POUR ACHETER UN LUXUEUX COLLIER DE DIAMANTS. L'INTRIGUE ÉTAIT EN RÉALITÉ ORCHESTRÉE PAR JEANNE DE LA MOTTE-VALOIS, UNE AVENTURIÈRE QUI CHERCHAIT À S'ENRICHIR EN EXPLOITANT LA CRÉDULITÉ DU CARDINAL ET EN PRÉTENDANT AVOIR L'INFLUENCE DE LA REINE. LORSQUE L'AFFAIRE A ÉTÉ DÉCOUVERTE, ELLE A CAUSÉ UN IMMENSE SCANDALE, DISCRÉDITANT DAVANTAGE MARIE-ANTOINETTE AUX YEUX DU PUBLIC FRANÇAIS, MALGRÉ SON INNOCENCE DANS CETTE FRAUDE. L'AFFAIRE A EXACERBÉ LA CRISE DE LA MONARCHIE FRANÇAISE, CONTRIBUANT À L'IMAGE NÉGATIVE DE LA REINE ET ALIMENTANT LE MÉCONTENTEMENT QUI MÈNERAIT À LA RÉVOLUTION FRANÇAISE.

49

# GUAL ESPAÑA

LA CONSPIRATION DE GUAL ET ESPAÑA EN 1797 FUT UNE TENTATIVE SIGNIFICATIVE DE LIBÉRER LE VENEZUELA DE LA DOMINATION COLONIALE ESPAGNOLE, INSPIRÉE PAR LES IDÉAUX DE LIBERTÉ ET D'ÉGALITÉ ISSUS DE LA RÉVOLUTION FRANÇAISE. MANUEL GUAL ET JOSÉ MARÍA ESPAÑA, LES LEADERS DE CE MOUVEMENT, ENVISAGEAIENT DE RENVERSER LE GOUVERNEMENT COLONIAL ESPAGNOL ET D'ÉTABLIR UNE RÉPUBLIQUE INDÉPENDANTE BASÉE SUR DES PRINCIPES DÉMOCRATIQUES. LEUR PLAN INCLUAIT L'ABOLITION DES DISTINCTIONS DE CASTE, LA LIBERTÉ DE COMMERCE, ET L'ÉGALITÉ DEVANT LA LOI POUR TOUS LES CITOYENS. BIEN QUE LA CONSPIRATION AIT ÉTÉ DÉCOUVERTE ET RÉPRIMÉE AVANT QU'ELLE NE PUISSE SE CONCRÉTISER, ENTRAÎNANT L'EXÉCUTION DE ESPAÑA ET L'EXIL DE GUAL, ELLE RESTE UN MOMENT PRÉCURSEUR IMPORTANT DANS LA LUTTE POUR L'INDÉPENDANCE EN AMÉRIQUE DU SUD, ANNONÇANT LES MOUVEMENTS RÉVOLUTIONNAIRES QUI SUIVRAIENT DANS LES DÉCENNIES À VENIR.

50

# SUISSES COMPLOT

LE COMPLOT DE LA RUE DES SUISSES EN 1914 FUT UNE TENTATIVE AVORTÉE D'ASSASSINAT CONTRE LE PRÉSIDENT FRANÇAIS RAYMOND POINCARÉ. ALORS QUE LA PREMIÈRE GUERRE MONDIALE SE PROFILAIT, DES TENSIONS INTERNES ET EXTERNES ÉLEVÉES AGITAIENT LA FRANCE. LE PLAN ÉTAIT DE FAIRE EXPLOSER UNE BOMBE AU PASSAGE DU CORTÈGE PRÉSIDENTIEL DANS LA RUE DES SUISSES À PARIS. L'OBJECTIF DERRIÈRE CET ATTENTAT N'EST PAS ENTIÈREMENT CLAIR, MAIS IL REFLÈTE LES CONFLITS POLITIQUES INTERNES ET LA MONTÉE DES MOUVEMENTS EXTRÉMISTES EN EUROPE À CETTE ÉPOQUE. LA DÉCOUVERTE ET L'ÉCHEC DE CE COMPLOT ONT RENFORCÉ LES MESURES DE SÉCURITÉ AUTOUR DES FIGURES POLITIQUES ET ONT SOULIGNÉ LA FRAGILITÉ DE LA PAIX EN EUROPE JUSTE AVANT LE DÉCLENCHEMENT DE LA GUERRE.

# 51

## ÉGAUX GRACCHUS

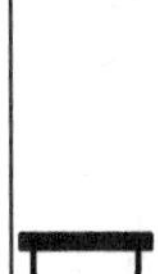

LA CONSPIRATION DES ÉGAUX, DIRIGÉE PAR GRACCHUS BABEUF EN 1796, FUT L'UNE DES PREMIÈRES TENTATIVES D'ÉTABLIR UNE SOCIÉTÉ BASÉE SUR L'ÉGALITÉ ET LA JUSTICE SOCIALE EN FRANCE, APRÈS LA RÉVOLUTION FRANÇAISE. MÉCONTENT DU GOUVERNEMENT DU DIRECTOIRE, QUI AVAIT SUCCÉDÉ À LA TERREUR MAIS N'AVAIT PAS RÉUSSI À RÉSOUDRE LES INÉGALITÉS SOCIALES ET ÉCONOMIQUES, BABEUF ET SES PARTISANS ONT CHERCHÉ À RENVERSER LE GOUVERNEMENT POUR INSTAURER UNE "RÉPUBLIQUE DES ÉGAUX". CETTE RÉPUBLIQUE AURAIT ABOLI LA PROPRIÉTÉ PRIVÉE ET PARTAGÉ LES TERRES ET LES BIENS ENTRE TOUS LES CITOYENS. LA CONSPIRATION A ÉTÉ INFILTRÉE PAR LA POLICE SECRÈTE DU DIRECTOIRE, CONDUISANT À L'ARRESTATION DE BABEUF ET DE PLUSIEURS AUTRES LEADERS, QUI FURENT PAR LA SUITE EXÉCUTÉS. LA CONSPIRATION DES ÉGAUX EST CONSIDÉRÉE COMME UN PRÉCURSEUR DU COMMUNISME MODERNE ET DE L'IDÉAL SOCIALISTE.

52

# ZINOVIEV LETTRE

LE COMPLOT ZINOVIEV EST UN ÉPISODE CONTROVERSÉ DE L'HISTOIRE POLITIQUE BRITANNIQUE, SURVENU EN 1924, IMPLIQUANT UNE FAUSSE LETTRE ATTRIBUÉE À GRIGORI ZINOVIEV, UN HAUT FONCTIONNAIRE DE L'INTERNATIONALE COMMUNISTE (COMINTERN). LA LETTRE, PUBLIÉE PAR LA PRESSE BRITANNIQUE PEU AVANT LES ÉLECTIONS GÉNÉRALES, APPELAIT À UNE RÉVOLUTION COMMUNISTE EN GRANDE-BRETAGNE ET INCITAIT LE PARTI TRAVAILLISTE BRITANNIQUE À SOUTENIR LES EFFORTS RÉVOLUTIONNAIRES. SON AUTHENTICITÉ FUT RAPIDEMENT CONTESTÉE, MAIS ELLE EUT UN IMPACT SIGNIFICATIF SUR L'OPINION PUBLIQUE, CONTRIBUANT À LA DÉFAITE DU PARTI TRAVAILLISTE. DES RECHERCHES ULTÉRIEURES SUGGÈRENT QUE LA LETTRE ÉTAIT UN FAUX, POSSIBLEMENT ORCHESTRÉ PAR DES OPPOSANTS AU PARTI TRAVAILLISTE POUR DISCRÉDITER SES LIENS AVEC LE COMMUNISME. LE COMPLOT ZINOVIEV DEMEURE UN EXEMPLE CLASSIQUE DE DÉSINFORMATION POLITIQUE ET DE SON POTENTIEL À INFLUENCER LES ÉLECTIONS ET L'OPINION PUBLIQUE.

## 53

# PAPERCLIP RECRUTEMENT

L'OPÉRATION PAPERCLIP ÉTAIT UN PROGRAMME SECRET MENÉ PAR LES ÉTATS-UNIS À LA FIN DE LA SECONDE GUERRE MONDIALE, VISANT À RECRUTER DES SCIENTIFIQUES ALLEMANDS, Y COMPRIS D'ANCIENS MEMBRES ET SYMPATHISANTS NAZIS, POUR TRAVAILLER AUX ÉTATS-UNIS DANS DES DOMAINES TELS QUE LA FUSÉOLOGIE, LA MÉDECINE ET LA CHIMIE. L'OBJECTIF ÉTAIT D'EXPLOITER LEUR EXPERTISE POUR AVANCER DANS LA GUERRE FROIDE CONTRE L'UNION SOVIÉTIQUE. PARMI LES SCIENTIFIQUES RECRUTÉS SE TROUVAIT WERNHER VON BRAUN, UN PIONNIER DE LA FUSÉOLOGIE QUI JOUA UN RÔLE CLÉ DANS LE PROGRAMME SPATIAL AMÉRICAIN, Y COMPRIS LES MISSIONS APOLLO VERS LA LUNE. BIEN QUE L'OPÉRATION AIT CONTRIBUÉ À DES AVANCÉES SIGNIFICATIVES EN SCIENCE ET TECHNOLOGIE, ELLE A ÉGALEMENT SOULEVÉ DES QUESTIONS ÉTHIQUES ET MORALES CONCERNANT LA RÉHABILITATION D'INDIVIDUS AYANT SERVI SOUS LE RÉGIME NAZI.

54

# 11 SEPTEMBRE

LES ATTAQUES TERRORISTES DU 11 SEPTEMBRE 2001, QUI ONT DÉTRUIT LE WORLD TRADE CENTER À NEW YORK ET ENDOMMAGÉ LE PENTAGONE, ONT DONNÉ NAISSANCE À DE NOMBREUSES THÉORIES DU COMPLOT. CERTAINS AFFIRMENT QUE CES ATTAQUES ÉTAIENT UN "TRAVAIL INTERNE" ORCHESTRÉ OU PERMIS PAR DES ÉLÉMENTS AU SEIN DU GOUVERNEMENT AMÉRICAIN, DANS LE BUT DE JUSTIFIER LES GUERRES EN AFGHANISTAN ET EN IRAK ET L'ADOPTION DE MESURES DE SÉCURITÉ INTÉRIEURE DRACONIENNES. D'AUTRES THÉORIES SUGGÈRENT UNE MANIPULATION PAR DES FORCES EXTÉRIEURES OU L'EXISTENCE D'UNE CONSPIRATION PLUS LARGE IMPLIQUANT DIVERSES AGENCES GOUVERNEMENTALES OU INTERNATIONALES. BIEN QUE CES THÉORIES AIENT ÉTÉ LARGEMENT DISCRÉDITÉES PAR DES ENQUÊTES OFFICIELLES ET DES ANALYSES INDÉPENDANTES, ELLES CONTINUENT DE CIRCULER, REFLÉTANT UNE MÉFIANCE PROFONDE ENVERS LES INSTITUTIONS OFFICIELLES ET LA GESTION DES ÉVÉNEMENTS TRAGIQUES.

## 55

# NOBLESSE POLONAISE

L'INSURRECTION DE JANVIER 1863, SOUVENT APPELÉE LE COMPLOT DE LA NOBLESSE POLONAISE, FUT UNE RÉVOLTE ARMÉE MAJEURE DE LA NATION POLONAISE CONTRE L'EMPIRE RUSSE. C'ÉTAIT LA MANIFESTATION DE LA RÉSISTANCE CONTINUE DE LA POLOGNE À L'ASSIMILATION FORCÉE ET À LA RÉPRESSION DE SA CULTURE ET DE SON AUTONOMIE PAR LA RUSSIE, APRÈS LES PARTITIONS DE LA POLOGNE À LA FIN DU XVIIIE SIÈCLE. LES INSURGÉS, PRINCIPALEMENT ISSUS DE LA NOBLESSE MAIS SOUTENUS PAR DES REPRÉSENTANTS DE TOUTES LES CLASSES SOCIALES, CHERCHAIENT À RESTAURER L'INDÉPENDANCE DE LA POLOGNE. MALGRÉ QUELQUES SUCCÈS INITIAUX, L'INSURRECTION A ÉTÉ ÉCRASÉE PAR L'ÉNORME SUPÉRIORITÉ MILITAIRE RUSSE, ENTRAÎNANT DES REPRÉSAILLES SÉVÈRES, DES EXÉCUTIONS ET DES DÉPORTATIONS MASSIVES VERS LA SIBÉRIE. L'ÉCHEC DE L'INSURRECTION A CONDUIT À DES DÉCENNIES DE RUSSIFICATION FORCÉE, MAIS A ÉGALEMENT RENFORCÉ L'IDENTITÉ NATIONALE POLONAISE.

56

# SILKEN THOMAS

LA CONSPIRATION DE SILKEN THOMAS EN 1534 FUT UNE RÉVOLTE NOTABLE EN IRLANDE, DIRIGÉE PAR THOMAS FITZGERALD, 10E COMTE DE KILDARE, SURNOMMÉ "SILKEN THOMAS" EN RAISON DE LA SPLENDEUR DE SES VÊTEMENTS ET DE CEUX DE SES HOMMES. LA RÉVOLTE ÉTAIT UNE RÉACTION CONTRE LA POLITIQUE D'HENRI VIII D'ANGLETERRE VISANT À ÉTENDRE SON CONTRÔLE SUR L'IRLANDE ET À IMPOSER LA RÉFORME ANGLAISE. SILKEN THOMAS A LANCÉ UN DÉFI OUVERT AU ROI HENRI VIII EN RENONÇANT À SA CHARGE DE LORD DEPUTY D'IRLANDE ET EN SOULEVANT UNE ARMÉE CONTRE LES AUTORITÉS ANGLAISES. CEPENDANT, LA RÉBELLION A ÉTÉ FINALEMENT ÉCRASÉE PAR LES FORCES ROYALES, CONDUISANT À L'EXÉCUTION DE THOMAS FITZGERALD ET DE SES ONCLES, MARQUANT UN TOURNANT DANS LA CONSOLIDATION DU POUVOIR ANGLAIS EN IRLANDE ET EXACERBANT LES TENSIONS RELIGIEUSES ET POLITIQUES ENTRE L'IRLANDE ET L'ANGLETERRE.

# CAMBRIDGE CINQ

L'AFFAIRE CAMBRIDGE FIVE RÉFÈRE À UN RÉSEAU D'ESPIONS BRITANNIQUES QUI ONT INFILTRÉ LES PLUS HAUTS NIVEAUX DU RENSEIGNEMENT ET DU GOUVERNEMENT BRITANNIQUE POUR LE COMPTE DE L'UNION SOVIÉTIQUE, DEPUIS LES ANNÉES 1930 JUSQU'À LA GUERRE FROIDE. LES CINQ MEMBRES – KIM PHILBY, DONALD MACLEAN, GUY BURGESS, ANTHONY BLUNT, ET JOHN CAIRNCROSS – ÉTAIENT TOUS DES RECRUES DE L'UNIVERSITÉ DE CAMBRIDGE, SÉDUITS PAR L'IDÉOLOGIE COMMUNISTE. LEUR TRAHISON A CONDUIT À LA FUITE D'INFORMATIONS SENSIBLES ET A GRAVEMENT COMPROMIS PLUSIEURS OPÉRATIONS DES SERVICES SECRETS BRITANNIQUES ET DE LEURS ALLIÉS. L'AFFAIRE A NON SEULEMENT CAUSÉ UN SCANDALE MAJEUR LORSQU'ELLE A ÉTÉ RÉVÉLÉE, MAIS A ÉGALEMENT ÉBRANLÉ LA CONFIANCE DANS LES INSTITUTIONS BRITANNIQUES ET A MARQUÉ L'UN DES ÉPISODES LES PLUS NOTOIRES D'ESPIONNAGE DU XXE SIÈCLE, METTANT EN LUMIÈRE LA COMPLEXITÉ ET LA PORTÉE DE LA GUERRE D'ESPIONNAGE PENDANT LA GUERRE FROIDE.

58

# FLUORIDE THÉORIE

LA THÉORIE DU COMPLOT DU FLUORURE ÉMERGE AU 20E SIÈCLE AVEC L'INTRODUCTION DU FLUORURE DANS LES SYSTÈMES D'EAU POTABLE, VISANT À PRÉVENIR LA CARIE DENTAIRE. CERTAINS GROUPES ONT AVANCÉ L'IDÉE QUE L'AJOUT DE FLUORURE AVAIT DES OBJECTIFS PLUS SINISTRES, TELS QUE LE CONTRÔLE MENTAL DE LA POPULATION OU LA CAUSE DE DIVERSES MALADIES. MALGRÉ LES NOMBREUSES ÉTUDES ET RAPPORTS DE SANTÉ PUBLIQUE AFFIRMANT LES BIENFAITS DU FLUORURE POUR LA SANTÉ DENTAIRE ET SON INNOCUITÉ AUX NIVEAUX UTILISÉS DANS L'EAU POTABLE, CES THÉORIES DU COMPLOT PERSISTENT. ELLES REFLÈTENT UNE MÉFIANCE PLUS LARGE ENVERS LES INTERVENTIONS GOUVERNEMENTALES DANS LA SANTÉ PUBLIQUE ET SONT SOUVENT ALIMENTÉES PAR DES INTERPRÉTATIONS ERRONÉES DES DONNÉES SCIENTIFIQUES OU PAR UNE COMPRÉHENSION INCOMPLÈTE DES PRATIQUES DE SANTÉ PUBLIQUE.

59

# PORRAJMOS GÉNOCIDE

PORRAJMOS, OU LE SAMUDARIPEN, DÉSIGNE LE GÉNOCIDE DES ROMS PAR LES NAZIS DURANT LA SECONDE GUERRE MONDIALE, UN ASPECT SOUVENT MOINS CONNU QUE L'HOLOCAUSTE DES JUIFS. LES NAZIS, CONSIDÉRANT LES ROMS COMME RACIALEMENT INFÉRIEURS, ONT SYSTÉMATIQUEMENT PERSÉCUTÉ, INTERNÉ ET ASSASSINÉ DES DIZAINES DE MILLIERS DE ROMS À TRAVERS L'EUROPE. LES VICTIMES ONT ÉTÉ DÉPORTÉES VERS DES CAMPS DE CONCENTRATION, OÙ BEAUCOUP ONT ÉTÉ EXÉCUTÉS OU SONT MORTS DES SUITES DES CONDITIONS INHUMAINES. MALGRÉ SA GRAVITÉ, LE PORRAJMOS N'A ÉTÉ RECONNU QUE TARDIVEMENT PAR LA COMMUNAUTÉ INTERNATIONALE ET RESTE RELATIVEMENT MÉCONNU DU GRAND PUBLIC, SOULIGNANT LA NÉCESSITÉ D'UNE PLUS GRANDE RECONNAISSANCE ET COMPRÉHENSION DES DIVERSES VICTIMES DU RÉGIME NAZI.

60

# BONAPARTE CIBLES

LE COMPLOT POUR ASSASSINER NAPOLÉON BONAPARTE EN 1800, CONNU SOUS LE NOM DE L'ATTENTAT DE LA MACHINE INFERNALE, FUT L'UNE DES NOMBREUSES TENTATIVES D'ASSASSINAT CONTRE LE FUTUR EMPEREUR DE FRANCE. LE 24 DÉCEMBRE 1800, ALORS QUE BONAPARTE SE RENDAIT À L'OPÉRA, UNE BOMBE A ÉTÉ DÉCLENCHÉE SUR LA RUE SAINT-NICAISE, VISANT À TUER BONAPARTE ET SON ENTOURAGE. L'ATTAQUE A ÉCHOUÉ À ATTEINDRE BONAPARTE LUI-MÊME MAIS A CAUSÉ LA MORT ET LA BLESSURE DE PLUSIEURS PASSANTS. CE COMPLOT, ATTRIBUÉ AUX ROYALISTES OPPOSÉS À SON RÉGIME, A RENFORCÉ LA DÉTERMINATION DE BONAPARTE À CONSOLIDER SON POUVOIR, MENANT À SON COURONNEMENT COMME EMPEREUR EN 1804. L'ATTENTAT DE LA MACHINE INFERNALE ILLUSTRE LES TENSIONS POLITIQUES EN FRANCE DURANT CETTE PÉRIODE ET LA POLARISATION AUTOUR DE LA FIGURE DE NAPOLÉON.

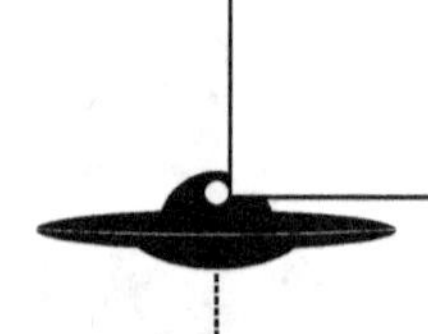

61

# TÊTES CUIR

LA CONSPIRATION DES TÊTES DE CUIR, ÉGALEMENT CONNUE SOUS LE NOM DE RÉBELLION DE PONTIAC, FUT UN SOULÈVEMENT MAJEUR CONTRE L'AUTORITÉ BRITANNIQUE EN AMÉRIQUE DU NORD QUI A SUIVI LA GUERRE DE SEPT ANS (1756-1763). LES PEUPLES AUTOCHTONES DE LA RÉGION DES GRANDS LACS, MENÉS PAR PONTIAC, UN CHEF DE LA TRIBU DES ODAWAS, SE SONT UNIS POUR REPOUSSER LES BRITANNIQUES HORS DE LEURS TERRES TRADITIONNELLES. CETTE RÉBELLION A ÉTÉ PARTIELLEMENT MOTIVÉE PAR LES POLITIQUES BRITANNIQUES QUI LIMITAIENT L'EXPANSION DES COLONIES VERS L'OUEST ET PAR LE MÉCONTENTEMENT CONCERNANT LA MANIÈRE DONT LES BRITANNIQUES GÉRAIENT LE COMMERCE DES FOURRURES ET TRAITAIENT LES PEUPLES AUTOCHTONES. BIEN QUE LA RÉBELLION AIT FINALEMENT ÉTÉ RÉPRIMÉE, ELLE A CONDUIT À L'ÉMISSION DE LA PROCLAMATION ROYALE DE 1763, QUI A TENTÉ DE STABILISER LA SITUATION EN LIMITANT LA COLONISATION DES TERRES AUTOCHTONES, S'EFFORÇANT AINSI DE PRÉVENIR DE FUTURS CONFLITS.

62

# 9 THERMIDOR

LE 9 THERMIDOR AN II (27 JUILLET 1794) MARQUE UN TOURNANT DÉCISIF DANS LA RÉVOLUTION FRANÇAISE AVEC LE COUP D'ÉTAT QUI A RENVERSÉ MAXIMILIEN ROBESPIERRE, METTANT FIN À LA PÉRIODE DE LA TERREUR. ROBESPIERRE, FIGURE CENTRALE DU COMITÉ DE SALUT PUBLIC, AVAIT INSTAURÉ UN RÉGIME DE RÉPRESSION SÉVÈRE POUR ÉRADIQUER LES ENNEMIS DE LA RÉVOLUTION, ENTRAÎNANT DES MILLIERS D'EXÉCUTIONS. CEPENDANT, SA GOUVERNANCE RIGIDE ET SON INTRANSIGEANCE ONT SUSCITÉ UNE OPPOSITION CROISSANTE, MÊME PARMI SES ALLIÉS RÉVOLUTIONNAIRES. LE COUP D'ÉTAT A ÉTÉ ORCHESTRÉ PAR DES MEMBRES DU CONVENTION NATIONALE QUI, CRAIGNANT POUR LEUR SÉCURITÉ PERSONNELLE ET MÉCONTENTS DE L'AUTORITARISME DE ROBESPIERRE, ONT AGI RAPIDEMENT POUR L'ARRÊTER AINSI QUE SES PROCHES COLLABORATEURS. LE LENDEMAIN, ROBESPIERRE ET SES ALLIÉS ONT ÉTÉ GUILLOTINÉS, MARQUANT LA FIN DE LA TERREUR ET DÉBUTANT UNE PÉRIODE PLUS MODÉRÉE, LE DIRECTOIRE.

63

# TWA 800

LE CRASH DU TWA FLIGHT 800 EN 1996, UN BOEING 747 QUI A EXPLOSÉ EN VOL PEU APRÈS SON DÉCOLLAGE DE NEW YORK, TUANT LES 230 PERSONNES À BORD, A DONNÉ LIEU À DE NOMBREUSES SPÉCULATIONS ET THÉORIES DU COMPLOT. ALORS QUE L'ENQUÊTE OFFICIELLE DU NATIONAL TRANSPORTATION SAFETY BOARD (NTSB) A CONCLU QUE L'EXPLOSION DU RÉSERVOIR DE CARBURANT CENTRAL, DUE À UNE ÉTINCELLE PROVENANT PROBABLEMENT DU CÂBLAGE DÉFECTUEUX, ÉTAIT LA CAUSE DE L'ACCIDENT, DES THÉORIES ALTERNATIVES ONT ÉMERGÉ. CERTAINS ONT SUGGÉRÉ QU'UN MISSILE, TIRÉ SOIT PAR L'ARMÉE AMÉRICAINE SOIT PAR UN ACTE TERRORISTE, ÉTAIT RESPONSABLE DE LA TRAGÉDIE. MALGRÉ LE MANQUE DE PREUVES CONCRÈTES POUR ÉTAYER CES AFFIRMATIONS, CES THÉORIES ONT CONTINUÉ À CIRCULER, ALIMENTÉES PAR DES INTERROGATIONS SUR LES TÉMOIGNAGES DE NOMBREUX TÉMOINS ET SUR LA GESTION DE L'ENQUÊTE PAR LES AUTORITÉS.

64

# QUATRIÈME INTERNATIONALE

LA FONDATION DE LA QUATRIÈME INTERNATIONALE EN 1938 PAR LÉON TROTSKY ÉTAIT UN EFFORT POUR CONSOLIDER UNE OPPOSITION INTERNATIONALE AU STALINISME, QUI, SELON LUI, AVAIT TRAHI LES PRINCIPES ORIGINAUX DE LA RÉVOLUTION RUSSE DE 1917. TROTSKY CRITIQUAIT LA BUREAUCRATIE OPPRESSIVE DE L'UNION SOVIÉTIQUE SOUS JOSEPH STALINE ET CHERCHAIT À RÉUNIR LES SOCIALISTES ET LES TRAVAILLEURS DU MONDE ENTIER AUTOUR D'UNE VISION MARXISTE AUTHENTIQUE ET RÉVOLUTIONNAIRE. LA QUATRIÈME INTERNATIONALE VISAIT À PROMOUVOIR LA RÉVOLUTION MONDIALE ET L'ABOLITION DU CAPITALISME, EN OPPOSITION À LA POLITIQUE DE "SOCIALISME DANS UN SEUL PAYS" PRÔNÉE PAR STALINE. MALGRÉ DES DÉBUTS PROMETTEURS, LA QUATRIÈME INTERNATIONALE A ÉTÉ ENTRAVÉE PAR DES DISSENSIONS INTERNES, LA RÉPRESSION POLITIQUE ET L'ISOLEMENT IMPOSÉ PAR LES RÉGIMES COMMUNISTES ET CAPITALISTES, LIMITANT SON IMPACT SUR LES MOUVEMENTS OUVRIERS INTERNATIONAUX.

65

# JEAN-PAUL II

LE 13 MAI 1981, MEHMET ALI AĞCA, UN NATIONALISTE TURC ET MEMBRE DU GROUPE D'EXTRÊME DROITE DES LOUPS GRIS, A TENTÉ D'ASSASSINER LE PAPE JEAN-PAUL II SUR LA PLACE SAINT-PIERRE À ROME. AĞCA A TIRÉ PLUSIEURS COUPS DE FEU SUR LE PAPE, LE BLESSANT GRAVEMENT, MAIS JEAN-PAUL II A SURVÉCU À L'ATTENTAT APRÈS UNE OPÉRATION D'URGENCE. L'ENQUÊTE SUR LES MOTIVATIONS D'AĞCA ET LES ÉVENTUELS COMMANDITAIRES DE L'ATTENTAT A SUSCITÉ DE NOMBREUSES SPÉCULATIONS, Y COMPRIS DES ALLÉGATIONS D'IMPLICATION DE SERVICES SECRETS ÉTRANGERS, COMME LE KGB OU LE GOUVERNEMENT BULGARE, EN RAISON DU SOUTIEN DU PAPE AU MOUVEMENT SOLIDARNOŚĆ EN POLOGNE. CEPENDANT, LES PREUVES CONCRÈTES DE CES LIENS N'ONT JAMAIS ÉTÉ DÉFINITIVEMENT ÉTABLIES, ET L'ATTENTAT RESTE ENTOURÉ DE MYSTÈRE.

# FICHES AFFAIRE

L'AFFAIRE DES FICHES FUT UN SCANDALE POLITIQUE EN FRANCE, RÉVÉLÉ ENTRE 1904 ET 1905, OÙ IL EST APPARU QUE LE GOUVERNEMENT, SOUS LE PRÉSIDENT ÉMILE COMBES, AVAIT MIS EN PLACE UN SYSTÈME DE FICHAGE DES OFFICIERS DE L'ARMÉE BASÉ SUR LEURS CROYANCES RELIGIEUSES ET LEURS OPINIONS POLITIQUES. CE SYSTÈME AVAIT POUR BUT DE PROMOUVOIR LES OFFICIERS RÉPUTÉS RÉPUBLICAINS ET LAÏCS TOUT EN DÉFAVORISANT OU EN BLOQUANT LA CARRIÈRE DE CEUX CONSIDÉRÉS COMME CATHOLIQUES PRATIQUANTS OU MONARCHISTES. LA RÉVÉLATION DE CETTE PRATIQUE A PROVOQUÉ UNE VIVE POLÉMIQUE, ACCENTUANT LES TENSIONS ENTRE LES FACTIONS ANTICLÉRICALES ET CATHOLIQUES EN FRANCE ET ÉBRANLANT LA CONFIANCE DANS LE GOUVERNEMENT RÉPUBLICAIN. L'AFFAIRE A SOULIGNÉ LES PROFONDES DIVISIONS AU SEIN DE LA SOCIÉTÉ FRANÇAISE CONCERNANT LA PLACE DE LA RELIGION ET LES PRINCIPES DE LAÏCITÉ.

67

# PAZZI ÉCHEC

LA CONSPIRATION DES PAZZI EN 1478 FUT UNE DES TENTATIVES LES PLUS AUDACIEUSES DE RENVERSER LA PUISSANTE FAMILLE MÉDICIS, QUI DOMINAIT LA VIE POLITIQUE ET ÉCONOMIQUE DE FLORENCE DURANT LA RENAISSANCE. ORCHESTRÉE PAR LA FAMILLE RIVALE DES PAZZI, AVEC LE SOUTIEN DU PAPE SIXTE IV ET DU ROI DE NAPLES, LE COMPLOT VISAIT À ASSASSINER LES FRÈRES LORENZO ET GIULIANO DE MÉDICIS LORS D'UNE MESSE DANS LA CATHÉDRALE DE FLORENCE. GIULIANO FUT TUÉ, MAIS LORENZO SURVÉCUT À L'ATTAQUE, CE QUI ENTRAÎNA UNE RÉPRESSION BRUTALE CONTRE LES CONSPIRATEURS ET LEURS ALLIÉS. LA TENTATIVE ÉCHOUÉE DE COUP D'ÉTAT RENFORÇA LE CONTRÔLE DES MÉDICIS SUR FLORENCE ET MARQUA LE DÉBUT D'UNE PÉRIODE DE TENSION ACCRUE ENTRE LES CITÉS-ÉTATS ITALIENNES ET ENTRE FLORENCE ET LE VATICAN. LA CONSPIRATION DES PAZZI RESTE UN EXEMPLE EMBLÉMATIQUE DES LUTTES DE POUVOIR ET DES INTRIGUES QUI CARACTÉRISAIENT LA POLITIQUE DE LA RENAISSANCE ITALIENNE.

68

# ESCALADE 1602

LE COMPLOT DE L'ESCALADE, SURVENU DANS LA NUIT DU 11 AU 12 DÉCEMBRE 1602, FUT UNE TENTATIVE INFRUCTUEUSE DE LA SAVOIE D'ENVAHIR ET DE PRENDRE LE CONTRÔLE DE GENÈVE, UNE CITÉ-ÉTAT PROTESTANTE INDÉPENDANTE. LES FORCES SAVOYARDES, COMMANDÉES PAR LE DUC CHARLES-EMMANUEL IER DE SAVOIE, ONT TENTÉ D'ESCALADER LES MURS DE LA VILLE SOUS LE COUVERT DE L'OBSCURITÉ. CEPENDANT, LES DÉFENSEURS DE GENÈVE ÉTAIENT PRÉPARÉS ET RÉUSSIRENT À REPOUSSER LES ENVAHISSEURS, INFLIGEANT DE LOURDES PERTES. L'ÉCHEC DE L'ESCALADE FUT CÉLÉBRÉ COMME UNE VICTOIRE MAJEURE POUR GENÈVE, RENFORÇANT SON IDENTITÉ PROTESTANTE ET SON INDÉPENDANCE FACE AUX AMBITIONS CATHOLIQUES DE SES VOISINS. L'ANNIVERSAIRE DE CET ÉVÉNEMENT EST COMMÉMORÉ CHAQUE ANNÉE À GENÈVE LORS DE LA FÊTE DE L'ESCALADE.

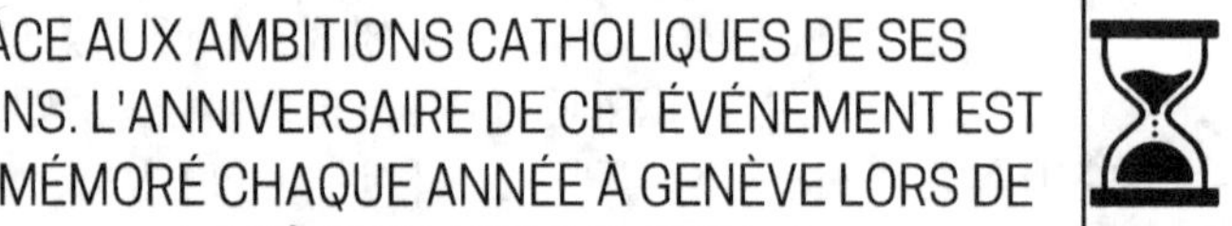

69

# ILLUMINATI THÉORIE

LA THÉORIE DU COMPLOT DES ILLUMINATI ÉMERGE À LA FIN DU 18E SIÈCLE AVEC LA CROYANCE QUE L'ORDRE DES ILLUMINATI DE BAVIÈRE, UNE SOCIÉTÉ SECRÈTE FONDÉE EN 1776 PAR ADAM WEISHAUPT, ASPIRAIT À RENVERSER LES GOUVERNEMENTS MONARCHIQUES ET RELIGIEUX POUR ÉTABLIR UN NOUVEL ORDRE MONDIAL BASÉ SUR LES IDÉAUX DE L'ILLUMINATION ET DU RATIONALISME. BIEN QUE L'ORDRE AIT ÉTÉ OFFICIELLEMENT DISSOUS EN 1785, LES THÉORIES CONSPIRATIONNISTES ONT PERSISTÉ, SUGGÉRANT QUE LES ILLUMINATI ONT CONTINUÉ À OPÉRER DANS L'OMBRE, INFLUENÇANT LES ÉVÉNEMENTS MONDIAUX ET INFILTRANT D'AUTRES SOCIÉTÉS SECRÈTES ET INSTITUTIONS. CETTE THÉORIE A ÉTÉ REVITALISÉE ET ADAPTÉE À TRAVERS LES SIÈCLES, INCORPORANT DIVERS ÉLÉMENTS MODERNES TELS QUE LE CONTRÔLE DE L'ÉCONOMIE MONDIALE, LA MANIPULATION DES ÉVÉNEMENTS POLITIQUES ET L'INGÉNIERIE SOCIALE, MALGRÉ UN MANQUE DE PREUVES CONCRÈTES POUR SOUTENIR CES AFFIRMATIONS.

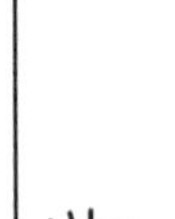

70

# UNDERWORLD ALLIANCE

L'OPÉRATION UNDERWORLD PENDANT LA SECONDE GUERRE MONDIALE REPRÉSENTE UN EXEMPLE REMARQUABLE DE COLLABORATION ENTRE LE GOUVERNEMENT AMÉRICAIN ET LA MAFIA. FACE À LA MENACE D'ESPIONNAGE ET DE SABOTAGE PAR DES AGENTS DE L'AXE DANS LES PORTS DE NEW YORK, LES AUTORITÉS AMÉRICAINES ONT CHERCHÉ L'AIDE DE FIGURES NOTOIRES DE LA MAFIA, NOTAMMENT LUCKY LUCIANO. LA MAFIA CONTRÔLAIT UNE GRANDE PARTIE DU FRONT DE MER DE NEW YORK ET POUVAIT FOURNIR UNE SURVEILLANCE ET UNE SÉCURITÉ INÉGALÉES. EN ÉCHANGE DE SA COOPÉRATION, LUCIANO, EMPRISONNÉ À CE MOMENT-LÀ, A BÉNÉFICIÉ D'UNE RÉDUCTION DE PEINE APRÈS LA GUERRE. CETTE ALLIANCE INHABITUELLE A PERMIS D'ASSURER LA SÉCURITÉ DES NAVIRES ET DES INSTALLATIONS PORTUAIRES, DÉMONTRANT UNE SITUATION OÙ LES INTÉRÊTS DE LA SÉCURITÉ NATIONALE ONT PRÉVALU SUR LA LUTTE CONTRE LE CRIME ORGANISÉ.

# MAIN ROUGE

LA CONSPIRATION DE LA MAIN ROUGE DÉSIGNE UNE SÉRIE D'OPÉRATIONS MENÉES PAR UNE ORGANISATION CLANDESTINE LIÉE AUX SERVICES SECRETS FRANÇAIS DURANT LA GUERRE D'ALGÉRIE. CETTE ORGANISATION A EXÉCUTÉ DES ASSASSINATS ET DES ATTENTATS CONTRE DES FIGURES DE LA LUTTE POUR L'INDÉPENDANCE ALGÉRIENNE, TANT EN ALGÉRIE QU'À L'ÉTRANGER. LES CIBLES INCLUAIENT DES MILITANTS DU FLN (FRONT DE LIBÉRATION NATIONALE) ET LEURS SOUTIENS, DANS LE BUT DE DÉSTABILISER ET D'INTIMIDER LE MOUVEMENT INDÉPENDANTISTE ALGÉRIEN. LA MAIN ROUGE EST DEVENUE TRISTEMENT CÉLÈBRE POUR SES MÉTHODES BRUTALES ET SON OPACITÉ, SUSCITANT LA CONTROVERSE ET LE DÉBAT QUANT À L'IMPLICATION OFFICIELLE DU GOUVERNEMENT FRANÇAIS DANS CES ACTIVITÉS CLANDESTINES. SON EXISTENCE SOULIGNE LA NATURE SOMBRE ET COMPLEXE DE LA GUERRE D'ALGÉRIE, MARQUÉE PAR LA GUÉRILLA, LE CONTRE-ESPIONNAGE ET LES OPÉRATIONS SECRÈTES.

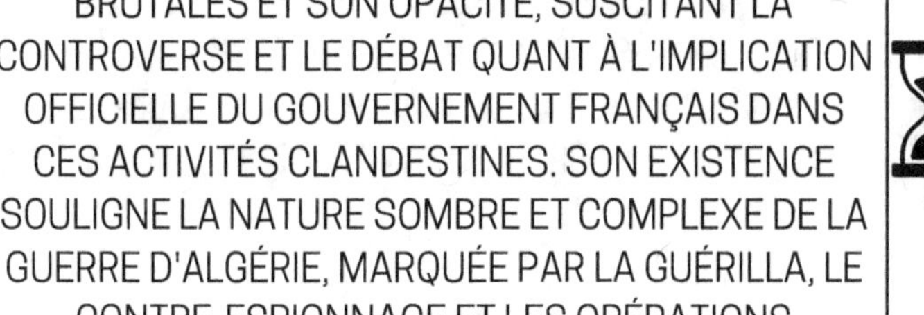

# CÔTE NOIRE

LE COMPLOT DE LA CÔTE NOIRE EN 1820 FUT UNE TENTATIVE AMBITIEUSE D'ÉTABLIR UNE COLONIE D'ESCLAVES LIBRES EN AFRIQUE DE L'OUEST. INSPIRÉ PAR LES PRINCIPES D'ÉMANCIPATION ET DE RETOUR AUX RACINES AFRICAINES, CE PROJET VISAIT À OFFRIR AUX AFRO-AMÉRICAINS LIBÉRÉS UNE OPPORTUNITÉ DE VIVRE EN LIBERTÉ DANS UNE SOCIÉTÉ QU'ILS POURRAIENT CONSTRUIRE ET GOUVERNER INDÉPENDAMMENT. BIEN QUE CE COMPLOT SPÉCIFIQUE N'AIT PAS ABOUTI, L'IDÉE A SURVÉCU ET A CONTRIBUÉ À LA CRÉATION ULTÉRIEURE DU LIBERIA PAR LA SOCIÉTÉ AMÉRICAINE DE COLONISATION. LE LIBERIA ÉTAIT DESTINÉ À ÊTRE UN FOYER POUR LES ESCLAVES AFFRANCHIS AMÉRICAINS, REFLÉTANT LES COMPLEXITÉS DES DÉBATS SUR L'ESCLAVAGE, LE COLONIALISME ET L'IDENTITÉ AFRICAINE-AMÉRICAINE À L'ÉPOQUE.

73

# TRENTE COMPLOT

L'AFFAIRE DES TRENTE EN 1870 FUT UN COMPLOT RADICAL VISANT À RENVERSER LE SECOND EMPIRE DE NAPOLÉON III EN FRANCE ET À REMPLACER LE RÉGIME AUTORITAIRE PAR UNE RÉPUBLIQUE DÉMOCRATIQUE. LES CONSPIRATEURS, UN GROUPE DE RÉPUBLICAINS RADICAUX, PRÉVOYAIENT D'ORGANISER UN SOULÈVEMENT ARMÉ POUR DESTITUER L'EMPEREUR. CEPENDANT, AVANT QUE LE COMPLOT NE PUISSE ÊTRE MIS À EXÉCUTION, IL FUT DÉCOUVERT PAR LES AUTORITÉS, ET LES PARTICIPANTS FURENT ARRÊTÉS. BIEN QUE L'AFFAIRE DES TRENTE N'AIT PAS RÉUSSI À RENVERSER LE GOUVERNEMENT, ELLE A MIS EN ÉVIDENCE LE MÉCONTENTEMENT CROISSANT À L'ÉGARD DE NAPOLÉON III ET A PRÉFIGURÉ LA CHUTE IMMINENTE DE L'EMPIRE, QUI SURVIENDRAIT PLUS TARD CETTE MÊME ANNÉE À LA SUITE DE LA DÉFAITE FRANÇAISE DANS LA GUERRE FRANCO-PRUSSIENNE ET LA PROCLAMATION DE LA TROISIÈME RÉPUBLIQUE.

74

# CATALINA CONJURE

LA CONSPIRATION DE CATALINA, MENÉE PAR LUCIUS SERGIUS CATILINA EN 63 AV. J.-C., FUT UNE TENTATIVE INFÂME DE RENVERSER LA RÉPUBLIQUE ROMAINE. CATILINA, UN SÉNATEUR ROMAIN AMBITIEUX MAIS POLITIQUEMENT MARGINALISÉ, A CONSPIRÉ POUR PRENDRE LE POUVOIR PAR LA FORCE ET LA FRAUDE, ATTIRANT UNE COALITION HÉTÉROGÈNE DE MÉCONTENTS, DONT DES VÉTÉRANS ENDETTÉS, DES ARISTOCRATES DÉCHUS, ET DES CITOYENS ORDINAIRES FRUSTRÉS PAR LES INÉGALITÉS SOCIO-ÉCONOMIQUES DE ROME. LA CONSPIRATION A ÉTÉ DÉJOUÉE PAR CICÉRON, ALORS CONSUL, QUI A RÉVÉLÉ LE COMPLOT AU SÉNAT ROMAIN DANS UNE SÉRIE DE DISCOURS MÉMORABLES, LES CATILINAIRES. CATILINA A FUI ROME POUR REJOINDRE SES FORCES, MAIS A ÉTÉ FINALEMENT TUÉ DANS LES COMBATS QUI ONT SUIVI. LA CONSPIRATION A RÉVÉLÉ LES PROFONDES DIVISIONS ET TENSIONS AU SEIN DE LA SOCIÉTÉ ROMAINE ET A MARQUÉ UN MOMENT CLÉ DANS LES LUTTES DE POUVOIR DE LA RÉPUBLIQUE TARDIVE.

75

# ANTHRACITE LUTTE

LE COMPLOT DE L'ANTHRACITE FAIT RÉFÉRENCE À UNE PÉRIODE DE LUTTES INTENSES ET DE GRÈVES MENÉES PAR DES MINEURS DE CHARBON ET DES SYNDICALISTES DANS LA RÉGION DE L'ANTHRACITE EN PENNSYLVANIE, ENTRE 1920 ET 1921. FACE À DES CONDITIONS DE TRAVAIL DANGEREUSES, DES SALAIRES BAS, ET UNE VIE PRÉCAIRE DANS LES VILLES MINIÈRES DOMINÉES PAR LES COMPAGNIES, LES MINEURS, SOUTENUS PAR LE SYNDICAT DES TRAVAILLEURS DE LA MINE (UNITED MINE WORKERS OF AMERICA), ONT EXIGÉ DE MEILLEURES CONDITIONS DE TRAVAIL, DES SALAIRES PLUS ÉLEVÉS, ET LA RECONNAISSANCE DE LEUR SYNDICAT. LA CONFRONTATION A CULMINÉ DANS UNE GRÈVE MAJEURE QUI A MIS EN ÉVIDENCE LES TENSIONS ENTRE LE CAPITAL ET LE TRAVAIL DANS L'INDUSTRIE AMÉRICAINE DU CHARBON. MALGRÉ LA RÉPRESSION VIOLENTE ET LES TENTATIVES DES COMPAGNIES MINIÈRES DE BRISER LA GRÈVE PAR DES BRISEURS DE GRÈVE ET DES MESURES DISCIPLINAIRES, LE MOUVEMENT A CONTRIBUÉ À SENSIBILISER L'OPINION PUBLIQUE AUX DROITS DES TRAVAILLEURS ET À POSER LES BASES DE RÉFORMES ULTÉRIEURES DANS L'INDUSTRIE MINIÈRE.

76

# CLIMATIQUE COMPLOT

LA THÉORIE DU COMPLOT DU RÉCHAUFFEMENT CLIMATIQUE SUGGÈRE QUE LES DONNÉES SCIENTIFIQUES SUR LE CHANGEMENT CLIMATIQUE SONT FAUSSÉES OU MANIPULÉES À DES FINS POLITIQUES OU FINANCIÈRES. LES ADEPTES DE CETTE THÉORIE AVANCENT QUE LES GOUVERNEMENTS, LES SCIENTIFIQUES OU CERTAINES ENTREPRISES POURRAIENT EXAGÉRER LES EFFETS DU CHANGEMENT CLIMATIQUE POUR PROMOUVOIR DES AGENDAS ÉCOLOGIQUES, AUGMENTER LES TAXES, RESTREINDRE LES LIBERTÉS INDIVIDUELLES OU BÉNÉFICIER FINANCIÈREMENT DE LA TRANSITION VERS DES ÉNERGIES RENOUVELABLES. MALGRÉ UN CONSENSUS SCIENTIFIQUE ÉCRASANT CONFIRMANT LE RÉCHAUFFEMENT CLIMATIQUE INDUIT PAR L'HOMME COMME UNE RÉALITÉ BASÉE SUR DES DÉCENNIES DE RECHERCHE RIGOUREUSE, CES THÉORIES DU COMPLOT CONTINUENT DE CIRCULER, SOUVENT AMPLIFIÉES PAR LES RÉSEAUX SOCIAUX ET CERTAINS MÉDIAS, CONTRIBUANT À LA POLARISATION DES DÉBATS SUR L'ENVIRONNEMENT ET LE CLIMAT.

# KISHINEV POGROM

LA CONSPIRATION DE KISHINEV FAIT RÉFÉRENCE AU POGROM D'AVRIL 1903 À KISHINEV, ALORS DANS L'EMPIRE RUSSE (AUJOURD'HUI CHIȘINĂU, MOLDAVIE), OÙ UNE FOULE A VIOLEMMENT ATTAQUÉ LA COMMUNAUTÉ JUIVE LOCALE. CE POGROM A ÉTÉ DÉCLENCHÉ PAR DES ACCUSATIONS INFONDÉES DE MEURTRES RITUELS CONTRE DES ENFANTS CHRÉTIENS, ALIMENTÉES PAR DES ARTICLES ANTISÉMITES DANS LA PRESSE LOCALE. SUR DEUX JOURS, DES DIZAINES DE JUIFS FURENT TUÉS, ET DES CENTAINES BLESSÉS, TANDIS QUE DES MAISONS ET DES COMMERCES JUIFS FURENT PILLÉS ET DÉTRUITS. L'ÉVÉNEMENT A SUSCITÉ UNE INDIGNATION INTERNATIONALE ET A MIS EN ÉVIDENCE L'ANTISÉMITISME INSTITUTIONNALISÉ DANS L'EMPIRE RUSSE. IL A ÉGALEMENT STIMULÉ LE MOUVEMENT SIONISTE ET ENCOURAGÉ L'ÉMIGRATION JUIVE VERS DES TERRES CONSIDÉRÉES COMME PLUS SÛRES, NOTAMMENT VERS LA PALESTINE.

78

# ELIZABETH ASSASSINAT

LA CONSPIRATION DE BABINGTON EN 1586 ÉTAIT UN COMPLOT VISANT À ASSASSINER LA REINE ELIZABETH I D'ANGLETERRE ET À PLACER MARIE, REINE DES ÉCOSSAIS, SUR LE TRÔNE ANGLAIS, AVEC L'ESPOIR DE RESTAURER LE CATHOLICISME EN ANGLETERRE. ORCHESTRÉE PAR ANTHONY BABINGTON ET D'AUTRES CATHOLIQUES ANGLAIS, LA CONSPIRATION PRÉVOYAIT L'ASSASSINAT D'ELIZABETH SUIVIE D'UNE INVASION DE L'ANGLETERRE PAR LES FORCES ESPAGNOLES. CEPENDANT, LE COMPLOT A ÉTÉ DÉCOUVERT PAR LES ESPIONS D'ELIZABETH, DIRIGÉS PAR SIR FRANCIS WALSINGHAM, GRÂCE À UN RÉSEAU SOPHISTIQUÉ DE SURVEILLANCE ET DE DÉCODAGE DE MESSAGES CHIFFRÉS. LES CONSPIRATEURS, Y COMPRIS BABINGTON, FURENT ARRÊTÉS, JUGÉS ET EXÉCUTÉS. LA DÉCOUVERTE DU COMPLOT A ÉGALEMENT FOURNI LES PREUVES NÉCESSAIRES POUR ACCUSER MARIE, REINE DES ÉCOSSAIS, DE TRAHISON, CONDUISANT À SON EXÉCUTION EN 1587.

79

# HAARP MYSTÈRES

LA THÉORIE DU COMPLOT DE HAARP CONCERNE LE HIGH FREQUENCY ACTIVE AURORAL RESEARCH PROGRAM, UN PROJET DE RECHERCHE SCIENTIFIQUE FINANCÉ PAR L'ARMÉE AMÉRICAINE, LA DARPA, ET L'UNIVERSITÉ DE L'ALASKA. OFFICIELLEMENT, HAARP ÉTUDIE LES PROPRIÉTÉS ET LE COMPORTEMENT DE L'IONOSPHÈRE, AVEC UN INTÉRÊT POUR L'AMÉLIORATION DES TECHNOLOGIES DE COMMUNICATION ET DE SURVEILLANCE. CEPENDANT, DES THÉORICIENS DU COMPLOT AFFIRMENT QUE HAARP A DES CAPACITÉS BIEN PLUS SINISTRES, COMME LE CONTRÔLE MÉTÉOROLOGIQUE, LA MANIPULATION MENTALE, DES TREMBLEMENTS DE TERRE INDUITS OU LE CONTRÔLE D'ARMES À ÉNERGIE DIRIGÉE. MALGRÉ LE MANQUE DE PREUVES SCIENTIFIQUES ÉTAYANT CES AFFIRMATIONS, L'OPACITÉ INITIALE ENTOURANT LE PROGRAMME ET SA GESTION PAR DES ENTITÉS MILITAIRES ONT ALIMENTÉ LA SPÉCULATION ET LA MÉFIANCE À L'ÉGARD DE SES VÉRITABLES OBJECTIFS.

80

# OPÉRA COMPLOT

LA CONSPIRATION DE L'OPÉRA, EN 1800, FUT UNE TENTATIVE D'ASSASSINAT CONTRE NAPOLÉON BONAPARTE, ORCHESTRÉE PAR DES ROYALISTES FRANÇAIS OPPOSÉS À SON RÉGIME. LE COMPLOT PRÉVOYAIT D'EXPLOSER UNE BOMBE, CONNUE SOUS LE NOM DE "MACHINE INFERNALE", AU PASSAGE DU CORTÈGE DE NAPOLÉON EN ROUTE VERS LE THÉÂTRE DE L'OPÉRA DE PARIS. LA BOMBE A EXPLOSÉ, TUANT PLUSIEURS PERSONNES ET BLESSANT D'AUTRES, MAIS NAPOLÉON EN EST SORTI INDEMNE. CET ATTENTAT A RENFORCÉ LA DÉTERMINATION DE NAPOLÉON À SÉCURISER SON POUVOIR, MENANT À L'ÉTABLISSEMENT DU CONSULAT À VIE ET, PLUS TARD, À SON COURONNEMENT EN TANT QU'EMPEREUR. LA CONSPIRATION DE L'OPÉRA A SOULIGNÉ L'INSTABILITÉ POLITIQUE DE LA FRANCE POST-RÉVOLUTIONNAIRE ET LES DIVISIONS PROFONDES AU SEIN DE LA SOCIÉTÉ FRANÇAISE.

81

# WARBECK POUDRE

LA CONSPIRATION DE LA POUDRE DE PERKIN WARBECK EN 1497 FUT UNE TENTATIVE DE PERKIN WARBECK DE SE FAIRE PASSER POUR RICHARD DE SHREWSBURY, DUC D'YORK, L'UN DES "PRINCES DISPARUS DANS LA TOUR", ET DE REVENDIQUER LE TRÔNE D'ANGLETERRE, ALORS SOUS LE RÈGNE D'HENRI VII. WARBECK, SOUTENU PAR PLUSIEURS COURS EUROPÉENNES ET PAR CERTAINS ENNEMIS D'HENRI VII EN ANGLETERRE, A MENÉ UNE SÉRIE DE SOULÈVEMENTS SANS SUCCÈS CONTRE LE ROI. SON IMPOSTURE A ATTIRÉ L'ATTENTION ET LE SOUTIEN DE CEUX MÉCONTENTS DU RÈGNE DES TUDORS, MAIS IL A FINALEMENT ÉTÉ CAPTURÉ, RECONNU COUPABLE DE TRAHISON ET EXÉCUTÉ. L'HISTOIRE DE WARBECK EST UN EXEMPLE FRAPPANT DES LUTTES DE POUVOIR ET DES INTRIGUES QUI ONT MARQUÉ LA PÉRIODE DE L'ANGLETERRE POST-GUERRES DES ROSES, RÉVÉLANT LA VULNÉRABILITÉ DU TRÔNE ET LA PERSISTANCE DES LOYAUTÉS DYNASTIQUES.

82

# TULIPE CRISE

LE COMPLOT DE LA TULIPE, ÉGALEMENT CONNU SOUS LE NOM DE "TULIPOMANIE", FAIT RÉFÉRENCE À UNE PÉRIODE DE SPÉCULATION FIÉVREUSE SUR LES BULBES DE TULIPE DANS LES PROVINCES-UNIES (AUJOURD'HUI LES PAYS-BAS) AU MILIEU DU XVIIE SIÈCLE, CULMINANT EN 1637. CETTE CRISE ÉCONOMIQUE EST SOUVENT CONSIDÉRÉE COMME LE PREMIER EXEMPLE HISTORIQUE DE BULLE FINANCIÈRE. LES PRIX DES BULBES DE TULIPE, RÉCEMMENT INTRODUITS ET TRÈS PRISÉS POUR LEUR BEAUTÉ ET LEUR RARETÉ, ONT ATTEINT DES NIVEAUX EXTRAORDINAIRES, POUSSÉS PAR UNE SPÉCULATION INTENSE, AVANT DE S'EFFONDRER BRUSQUEMENT, LAISSANT DE NOMBREUX INVESTISSEURS RUINÉS. BIEN QUE PARFOIS APPELÉE "COMPLOT" PAR ANALOGIE AUX BULLES SPÉCULATIVES MODERNES IMPLIQUANT MANIPULATION ET FRAUDE, LA TULIPOMANIE ÉTAIT PLUS UN PHÉNOMÈNE DE MASSE ALIMENTÉ PAR L'OPTIMISME IRRATIONNEL ET LA NOUVEAUTÉ DU MARCHÉ DES CONTRATS À TERME. ELLE RESTE UNE ÉTUDE DE CAS CLASSIQUE DES DANGERS DE LA SPÉCULATION ET DE L'IRRATIONALITÉ COLLECTIVE SUR LES MARCHÉS FINANCIERS.

83

# KENNEDY DOUTES

L'ASSASSINAT DE ROBERT F. KENNEDY EN JUIN 1968, JUSTE APRÈS SA VICTOIRE AUX PRIMAIRES DÉMOCRATES DE CALIFORNIE, A ÉTÉ OFFICIELLEMENT ATTRIBUÉ À SIRHAN SIRHAN, UN IMMIGRANT PALESTINIEN. CEPENDANT, DES DOUTES PERSISTENT QUANT À LA CULPABILITÉ DE SIRHAN COMME UNIQUE ASSASSIN, ALIMENTANT DES THÉORIES DE CONSPIRATION SUGGÉRANT L'IMPLICATION D'UNE SECONDE PERSONNE OU D'UN COMPLOT PLUS LARGE. LES SCEPTIQUES POINTENT DES INCOHÉRENCES DANS LES PREUVES BALISTIQUES, LE NOMBRE DE COUPS DE FEU TIRÉS PAR RAPPORT AU REVOLVER DE SIRHAN, ET DES TÉMOIGNAGES SUGGÉRANT LA PRÉSENCE D'AUTRES SUSPECTS. CES THÉORIES IMPLIQUENT PARFOIS DES ACTEURS GOUVERNEMENTAUX OU D'AUTRES PUISSANCES ÉTRANGÈRES, REFLÉTANT LE CLIMAT DE MÉFIANCE POLITIQUE DE L'ÉPOQUE, EXACERBÉ PAR LES ASSASSINATS DE JOHN F. KENNEDY ET DE MARTIN LUTHER KING JR., ET PAR LA GUERRE DU VIETNAM.

84

# PONTIAC SOULÈVEMENT

LA CONSPIRATION DE PONTIAC, OU RÉBELLION DE PONTIAC, FUT UN SOULÈVEMENT MAJEUR DE PLUSIEURS TRIBUS AMÉRINDIENNES DIRIGÉ PAR PONTIAC, CHEF DE LA TRIBU DES OUTAOUAIS, EN 1763, APRÈS LA FIN DE LA GUERRE DE SEPT ANS. LES TRIBUS NATIVES, MÉCONTENTES DE LA PRISE DE CONTRÔLE BRITANNIQUE DE L'ANCIEN TERRITOIRE FRANÇAIS DANS LA VALLÉE DE L'OHIO ET DES POLITIQUES BRITANNIQUES QUI LIMITAIENT LEUR ACCÈS AUX TERRES ET AU COMMERCE, ONT LANCÉ DES ATTAQUES COORDONNÉES CONTRE LES FORTS ET LES COLONIES BRITANNIQUES. BIEN QUE SOUVENT PRÉSENTÉE COMME UNE "CONSPIRATION" ORCHESTRÉE PAR PONTIAC, CETTE RÉBELLION ÉTAIT PLUTÔT UNE RÉSISTANCE COLLECTIVE DE DIFFÉRENTES TRIBUS CHERCHANT À PROTÉGER LEURS TERRES ET LEUR MODE DE VIE FACE À L'EXPANSION COLONIALE BRITANNIQUE. LA RÉBELLION A FINALEMENT ÉTÉ RÉPRIMÉE, MAIS ELLE A CONDUIT À L'ÉMISSION DE LA PROCLAMATION ROYALE DE 1763, TENTANT DE LIMITER L'EXPANSION COLONIALE SUR LES TERRITOIRES AMÉRINDIENS.

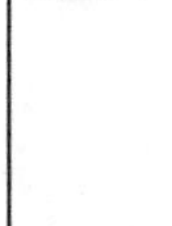

85

# LIBERTINS ACCUSÉS

LE COMPLOT DES LIBERTINS EN 1626 EN FRANCE FAIT RÉFÉRENCE À UNE INTRIGUE INTELLECTUELLE ET POLITIQUE IMPLIQUANT UN GROUPE DE PHILOSOPHES ET DE LIBRES PENSEURS, SOUVENT DÉSIGNÉS SOUS LE NOM DE "LIBERTINS". CES INDIVIDUS, CRITIQUES À L'ÉGARD DE L'ORTHODOXIE RELIGIEUSE ET DES STRUCTURES DU POUVOIR DE L'ÉPOQUE, NOTAMMENT L'ÉGLISE CATHOLIQUE ET LE GOUVERNEMENT MONARCHIQUE, ÉTAIENT ACCUSÉS DE REMETTRE EN QUESTION LES DOGMES RELIGIEUX ET DE PROMOUVOIR DES IDÉES JUGÉES SUBVERSIVES. BIEN QUE LE TERME "LIBERTIN" AIT ÉVOLUÉ POUR DÉSIGNER UNE ATTITUDE PLUS GÉNÉRALEMENT ASSOCIÉE À LA LIBERTÉ DE PENSÉE ET AU SCEPTICISME RELIGIEUX, À CETTE ÉPOQUE, IL POUVAIT IMPLIQUER DES IMPLICATIONS DE CONSPIRATION CONTRE L'ORDRE ÉTABLI. LES ACCUSATIONS CONTRE LES LIBERTINS REFLÈTENT LES TENSIONS ENTRE LA TRADITION ET LA MODERNITÉ, LA FOI ET LA RAISON, QUI CARACTÉRISAIENT LA PÉRIODE DE TRANSITION VERS LES LUMIÈRES.

86

# ZIKA VIRUS

DURANT L'ÉPIDÉMIE DE ZIKA DE 2015-2016, PLUSIEURS THÉORIES DU COMPLOT ONT ÉMERGÉ, SUGGÉRANT QUE LE VIRUS ÉTAIT LIÉ À DES CAUSES ARTIFICIELLES PLUTÔT QU'À DES MOUSTIQUES AEDES NATURELLEMENT INFECTÉS. UNE THÉORIE PRÉTENDAIT QUE LE ZIKA AVAIT ÉTÉ CAUSÉ PAR DES MOUSTIQUES GÉNÉTIQUEMENT MODIFIÉS RELÂCHÉS POUR COMBATTRE LA DENGUE, TANDIS QU'UNE AUTRE ASSOCIAIT L'AUGMENTATION DES CAS DE MICROCÉPHALIE CHEZ LES NOUVEAU-NÉS À DES CAMPAGNES DE VACCINATION PLUTÔT QU'AU VIRUS LUI-MÊME. CES THÉORIES ONT SOUVENT MÉLANGÉ DES INQUIÉTUDES LÉGITIMES CONCERNANT LA GÉNÉTIQUE ET LA SANTÉ PUBLIQUE AVEC DES SPÉCULATIONS NON ÉTAYÉES, CRÉANT DE LA CONFUSION ET DE LA MÉFIANCE À L'ÉGARD DES EFFORTS DE LUTTE CONTRE L'ÉPIDÉMIE. LES AUTORITÉS SANITAIRES ET LES RECHERCHES SCIENTIFIQUES ONT RÉFUTÉ CES ALLÉGATIONS, CONFIRMANT LA TRANSMISSION DU ZIKA PAR LES MOUSTIQUES ET SON LIEN AVEC LA MICROCÉPHALIE.

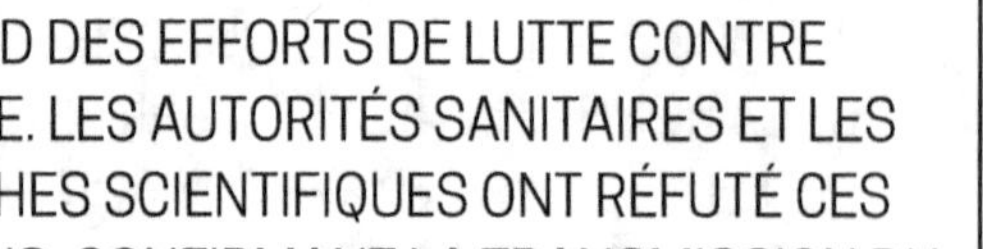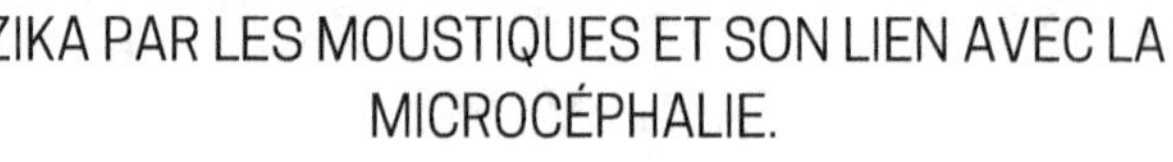

# ÉQUIPAGES PLOT

LA CONSPIRATION DES ÉQUIPAGES, ÉGALEMENT CONNUE SOUS LE NOM DE L'OPÉRATION WALKYRIE MODIFIÉE, ÉTAIT UN COMPLOT EN 1943 PAR DES MEMBRES DE LA WEHRMACHT ET DE LA RÉSISTANCE ALLEMANDE POUR ASSASSINER ADOLF HITLER ET RENVERSER LE RÉGIME NAZI. CETTE TENTATIVE FAISAIT PARTIE D'UNE SÉRIE D'EFFORTS DE LA RÉSISTANCE ALLEMANDE POUR METTRE FIN À LA GUERRE ET AU RÉGIME DE TERREUR DE HITLER. LA PLANIFICATION INCLUAIT L'UTILISATION DE L'OPÉRATION WALKYRIE, UN PLAN D'URGENCE CONÇU PAR L'ARMÉE POUR MAINTENIR L'ORDRE EN CAS DE SOULÈVEMENT INTERNE, POUR MOBILISER LES UNITÉS DE LA RÉSERVE MILITAIRE CONTRE LE RÉGIME NAZI APRÈS L'ASSASSINAT DE HITLER. CEPENDANT, LE COMPLOT A ÉTÉ DÉCOUVERT, ET PLUSIEURS CONSPIRATEURS ONT ÉTÉ EXÉCUTÉS. CES TENTATIVES DE COUP D'ÉTAT ILLUSTRENT LA PRÉSENCE D'UNE OPPOSITION SIGNIFICATIVE À HITLER AU SEIN DE L'ALLEMAGNE, MÊME PARMI LES RANGS MILITAIRES.

88

# CABALE STRATAGÈMES

LE COMPLOT DE LA CABALE FAIT RÉFÉRENCE À UNE PÉRIODE DE L'HISTOIRE ANGLAISE DURANT LAQUELLE LE "CABINET DE LA CABALE", UN GROUPE DE CINQ MINISTRES PRINCIPAUX DU ROI CHARLES II D'ANGLETERRE, A EXERCÉ UNE INFLUENCE CONSIDÉRABLE SUR LA POLITIQUE NATIONALE. LE TERME "CABALE" DÉRIVE DES INITIALES DE SES MEMBRES (CLIFFORD, ARLINGTON, BUCKINGHAM, ASHLEY-COOPER, ET LAUDERDALE) ET EST ASSOCIÉ À DES EFFORTS POUR RENFORCER L'AUTORITÉ MONARCHIQUE ET MANIPULER LES ÉVÉNEMENTS POLITIQUES À LEUR AVANTAGE. CETTE PÉRIODE EST MARQUÉE PAR DES INTRIGUES POLITIQUES COMPLEXES, DES ALLIANCES CHANGEANTES, ET DES TENTATIVES DE POLITIQUE ÉTRANGÈRE AUDACIEUSES, Y COMPRIS LE TRAITÉ SECRET DE DOUVRES AVEC LOUIS XIV DE FRANCE, VISANT À RÉINTRODUIRE LE CATHOLICISME EN ANGLETERRE. BIEN QUE "COMPLOT" PUISSE ÉVOQUER DES INTENTIONS MALVEILLANTES, DANS CE CONTEXTE, IL REFLÈTE LES LUTTES DE POUVOIR ET LES MANŒUVRES POLITIQUES AU SEIN DU GOUVERNEMENT DE CHARLES II.

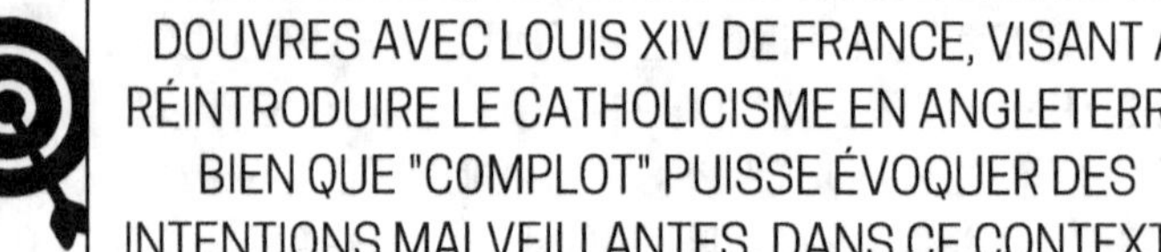

# MH370 MYSTÈRE

LA DISPARITION DU VOL MALAYSIA AIRLINES MH370 EN MARS 2014 A DONNÉ LIEU À UNE MULTITUDE DE THÉORIES DU COMPLOT ET DE SPÉCULATIONS. L'AVION, EN ROUTE DE KUALA LUMPUR À PÉKIN AVEC 239 PERSONNES À BORD, A DISPARU DES RADARS SANS LAISSER DE TRACES CONCRÈTES, CONDUISANT À UNE DES PLUS GRANDES ÉNIGMES DE L'AVIATION MODERNE. PARMI LES THÉORIES AVANCÉES FIGURENT L'IDÉE D'UN DÉTOURNEMENT PAR L'UN DES PILOTES, UNE CYBER-ATTAQUE CONTRE LES SYSTÈMES DE L'AVION, UN ABATTAGE PAR UNE FORCE MILITAIRE INCONNUE, OU ENCORE L'IMPLICATION D'EXTRATERRESTRES. MALGRÉ LES RECHERCHES INTERNATIONALES INTENSIVES, PEU DE PREUVES DÉFINITIVES ONT ÉTÉ TROUVÉES, ALIMENTANT AINSI LES SPÉCULATIONS. L'ABSENCE DE RÉPONSES CLAIRES MAINTIENT CES THÉORIES DU COMPLOT DANS L'IMAGINAIRE PUBLIC.

90

# JEANNE INTRIGUE

LA CONSPIRATION DE LA REINE JEANNE SE RÉFÈRE À L'INTRIGUE POLITIQUE ET PERSONNELLE ENTOURANT JEANNE IÈRE DE NAPLES, REINE DE NAPLES ET COMTESSE DE PROVENCE, ACCUSÉE DE L'ASSASSINAT DE SON MARI, ANDRÉ DE HONGRIE, EN 1345. LE MARIAGE AVAIT ÉTÉ ARRANGÉ POUR DES RAISONS POLITIQUES, MAIS S'EST RAPIDEMENT DÉTÉRIORÉ, CONDUISANT À DES TENSIONS ET À DES RIVALITÉS AU SEIN DE LA COUR. APRÈS L'ASSASSINAT D'ANDRÉ, JEANNE FUT ACCUSÉE PAR LA FAMILLE DU DÉFUNT ET PAR LE PAPE CLÉMENT VI, SUSCITANT UNE CRISE QUI A MENACÉ SON RÈGNE. LA SITUATION A ÉTÉ EXPLOITÉE PAR SES ADVERSAIRES POLITIQUES, NOTAMMENT LOUIS IER DE HONGRIE, FRÈRE D'ANDRÉ, QUI A ENVAHI LE ROYAUME. JEANNE A RÉUSSI À CONSERVER SON TRÔNE, MAIS L'AFFAIRE A LAISSÉ UNE MARQUE DURABLE SUR SA RÉPUTATION ET SON RÈGNE, ILLUSTRANT LES LUTTES DE POUVOIR ET LES INTRIGUES DE LA NOBLESSE MÉDIÉVALE EUROPÉENNE.

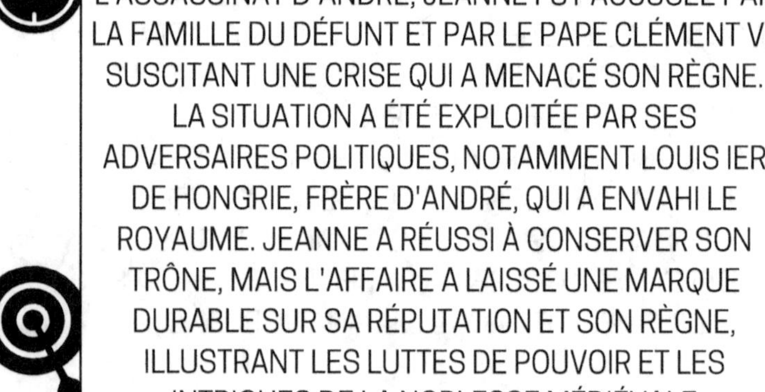

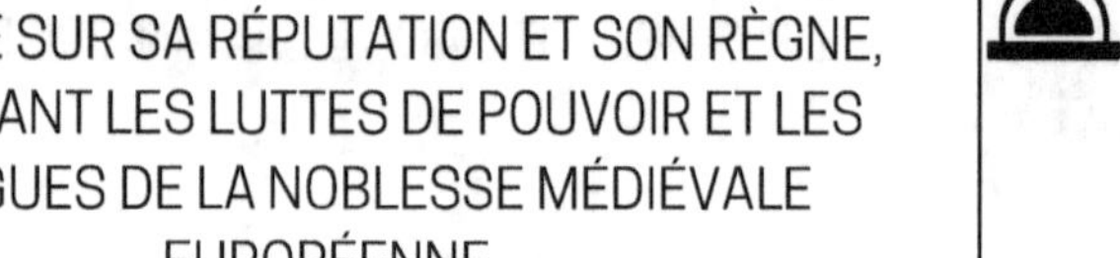

91

# ANTHRAX PANIQUE

LE COMPLOT DE L'ANTHRAX EN 2001 A VU DES LETTRES CONTAMINÉES PAR LE BACILLE DU CHARBON (ANTHRAX) ENVOYÉES À DES MÉDIAS ET À DES MEMBRES DU CONGRÈS AMÉRICAIN, CAUSANT CINQ DÉCÈS ET INFECTANT 17 AUTRES PERSONNES. SURVENANT PEU APRÈS LES ATTENTATS DU 11 SEPTEMBRE, CES ATTAQUES ONT SEMÉ LA PEUR ET LA CONFUSION, EXACERBANT LA TENSION NATIONALE. L'ENQUÊTE, APPELÉE "AMERITHRAX" PAR LE FBI, A INITIALEMENT SUGGÉRÉ DES LIENS AVEC DES RÉSEAUX TERRORISTES INTERNATIONAUX, MAIS S'EST FINALEMENT CONCENTRÉE SUR DES SCIENTIFIQUES AMÉRICAINS. EN 2008, LE SCIENTIFIQUE BRUCE IVINS, TRAVAILLANT POUR LE GOUVERNEMENT AMÉRICAIN, A ÉTÉ IDENTIFIÉ COMME LE PRINCIPAL SUSPECT, MAIS IL S'EST SUICIDÉ AVANT D'ÊTRE INCULPÉ. L'AFFAIRE, OFFICIELLEMENT CLOSE, LAISSE NÉANMOINS PLACE À DES THÉORIES DE CONSPIRATION SUGGÉRANT D'AUTRES MOTIFS ET AUTEURS, REFLÉTANT LA MÉFIANCE ENVERS LES EXPLICATIONS OFFICIELLES ET LA GESTION DE LA CRISE PAR LES AUTORITÉS.

# BLOUSE NOIRE

LA CONSPIRATION DE LA BLOUSE NOIRE EN 1540 ÉTAIT UNE TENTATIVE DE COUP D'ÉTAT CONTRE HENRI VIII D'ANGLETERRE ORCHESTRÉE PAR DES MEMBRES DE L'ARISTOCRATIE CATHOLIQUE OPPOSÉS À LA RÉFORME ANGLAISE ET À LA DISSOLUTION DES MONASTÈRES. LES CONSPIRATEURS, NOMMÉS AINSI EN RAISON DE LA COULEUR DE LEURS VÊTEMENTS SYMBOLISANT LE DEUIL DE L'ANCIENNE FOI, PRÉVOYAIENT D'ASSASSINER HENRI VIII ET DE RESTAURER LE CATHOLICISME COMME RELIGION D'ÉTAT. LA CONSPIRATION A ÉTÉ DÉCOUVERTE ET DÉJOUÉE AVANT SA MISE EN ŒUVRE, ENTRAÎNANT L'ARRESTATION ET L'EXÉCUTION DE SES PRINCIPAUX ACTEURS. CET ÉVÉNEMENT SOULIGNE LES PROFONDES DIVISIONS RELIGIEUSES EN ANGLETERRE ET LA RÉSISTANCE RENCONTRÉE PAR HENRI VIII DANS SES EFFORTS POUR ÉTABLIR L'ÉGLISE D'ANGLETERRE INDÉPENDANTE DE ROME.

93

# DENVER MYSTÈRES

LE DENVER INTERNATIONAL AIRPORT (DIA) EST AU CENTRE DE NOMBREUSES THÉORIES DU COMPLOT DEPUIS SON OUVERTURE EN 1995. CES SPÉCULATIONS INCLUENT L'EXISTENCE DE SYMBOLES MAÇONNIQUES ET D'ŒUVRES D'ART PERÇUES COMME APOCALYPTIQUES OU ÉSOTÉRIQUES À TRAVERS L'AÉROPORT, AINSI QUE DES RUMEURS SUR DES BUNKERS SOUTERRAINS ET DES BASES MILITAIRES SECRÈTES. LES THÉORICIENS DU COMPLOT SUGGÈRENT QUE DIA SERT DE CENTRE POUR LE NOUVEL ORDRE MONDIAL OU D'AUTRES ENTITÉS SECRÈTES. MALGRÉ LES DÉMENTIS OFFICIELS, L'ARCHITECTURE UNIQUE DE L'AÉROPORT, LES FRESQUES MURALES AUX THÈMES PROVOCATEURS ET LES PLAQUES COMMÉMORATIVES AVEC DES SYMBOLES MAÇONNIQUES CONTINUENT D'ALIMENTER CES THÉORIES, FAISANT DE DIA L'UN DES LIEUX LES PLUS ÉNIGMATIQUES AUX YEUX DES AMATEURS DE CONSPIRATIONS.

# BOXERS SOULÈVEMENT

LA CONSPIRATION DES BOXERS, OU RÉVOLTE DES BOXERS, FUT UN SOULÈVEMENT ANTI-IMPÉRIALISTE ET ANTI-CHRÉTIEN EN CHINE ENTRE 1899 ET 1901, MENÉ PAR LA SOCIÉTÉ SECRÈTE DES POINGS DE LA JUSTICE ET DE LA CONCORDE, SURNOMMÉE "BOXERS" PAR LES OCCIDENTAUX EN RAISON DE LEUR PRATIQUE DES ARTS MARTIAUX. LES BOXERS VISAIENT À EXPULSER LES PUISSANCES COLONIALES ET LEURS INFLUENCES, Y COMPRIS LES MISSIONNAIRES CHRÉTIENS ET LES CONVERTIS CHINOIS, QU'ILS TENAIENT POUR RESPONSABLES DES MAUX SOCIAUX ET ÉCONOMIQUES DE LA CHINE. LE SOULÈVEMENT A CULMINÉ AVEC LE SIÈGE DES QUARTIERS ÉTRANGERS À PÉKIN, ENTRAÎNANT UNE INTERVENTION INTERNATIONALE PAR LES FORCES DES HUIT-NATIONS QUI A RÉPRIMÉ VIOLEMMENT LA RÉVOLTE. LA RÉVOLTE DES BOXERS A MARQUÉ UN TOURNANT DANS L'HISTOIRE CHINOISE, EXACERBANT LES TENSIONS ENTRE LA CHINE ET LES PUISSANCES ÉTRANGÈRES ET ACCÉLÉRANT LES RÉFORMES INTERNES.

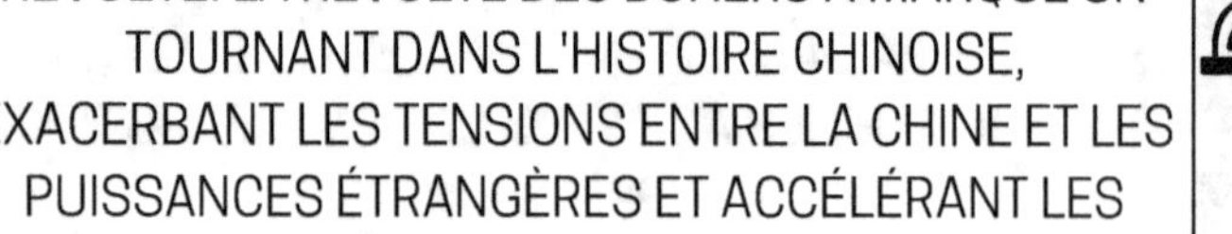

# POISONS COMPLOT

LE COMPLOT DES POISONS FUT UN SCANDALE MAJEUR QUI SECOUA LA COUR DE LOUIS XIV DE 1679 À 1682, RÉVÉLANT UN VASTE RÉSEAU D'EMPOISONNEMENTS, DE SORCELLERIE, ET DE MESSES NOIRES IMPLIQUANT DES MEMBRES DE LA NOBLESSE ET DE LA BOURGEOISIE. L'AFFAIRE A COMMENCÉ AVEC L'ARRESTATION DE MARIE-MADELEINE D'AUBRAY, MARQUISE DE BRINVILLIERS, ACCUSÉE D'AVOIR EMPOISONNÉ SON PÈRE ET SES FRÈRES. SON PROCÈS A DÉVOILÉ UNE SÉRIE DE CRIMES SIMILAIRES, CONDUISANT À LA CRÉATION D'UNE CHAMBRE ARDENTE SPÉCIALE POUR JUGER LES ACCUSÉS DE SORCELLERIE ET D'EMPOISONNEMENT. PLUSIEURS DIZAINES DE PERSONNES FURENT EXÉCUTÉES, ET BIEN D'AUTRES EMPRISONNÉES OU EXILÉES. LE COMPLOT DES POISONS A ALIMENTÉ LA PARANOÏA ROYALE ET A PROFONDÉMENT AFFECTÉ LA PSYCHOLOGIE DE LOUIS XIV, LE POUSSANT À UNE PLUS GRANDE PRUDENCE ET À UN CONTRÔLE PLUS STRICT DE SA COUR.

# CHEMTRAILS THÉORIE

LA THÉORIE DU COMPLOT DES CHEMTRAILS SUGGÈRE QUE LES TRAÎNÉES BLANCHES LAISSÉES PAR LES AVIONS DANS LE CIEL NE SONT PAS DE SIMPLES CONDENSATIONS DE VAPEUR D'EAU (CONTRAILS), MAIS CONTIENNENT DES PRODUITS CHIMIQUES OU BIOLOGIQUES NOCIFS DISPERSÉS DÉLIBÉRÉMENT POUR DES MOTIFS SINISTRES, TELS QUE LA MANIPULATION MÉTÉOROLOGIQUE, LE CONTRÔLE DE LA POPULATION, OU LA GUERRE BIOLOGIQUE. MALGRÉ L'ABSENCE DE PREUVES SCIENTIFIQUES SOUTENANT CES ALLÉGATIONS ET LES EXPLICATIONS FOURNIES PAR LES SCIENTIFIQUES SUR LA NATURE ET LA FORMATION DES CONTRAILS, LA THÉORIE DES CHEMTRAILS RESTE POPULAIRE PARMI CERTAINS GROUPES. ELLE REFLÈTE DES INQUIÉTUDES PLUS LARGES CONCERNANT LA SURVEILLANCE GOUVERNEMENTALE, LA SANTÉ ENVIRONNEMENTALE, ET LA TRANSPARENCE DES ACTIVITÉS AÉRIENNES.

# BARBE D'OR

LA CONSPIRATION DE LA BARBE D'OR EN 1910 EST UNE RÉFÉRENCE HISTORIQUE À UNE TENTATIVE DE RENVERSEMENT DU GOUVERNEMENT COLOMBIEN ORCHESTRÉE PAR LE GÉNÉRAL RAFAEL URIBE URIBE, UN LEADER POLITIQUE ET MILITAIRE INFLUENT EN COLOMBIE. URIBE URIBE, SURNOMMÉ "LA BARBE D'OR" EN RAISON DE SA BARBE EMBLÉMATIQUE ET DE SON CHARISME, ÉTAIT UN FERVENT DÉFENSEUR DES DROITS DES TRAVAILLEURS ET DES RÉFORMES AGRAIRES. IL S'OPPOSAIT À LA DOMINANCE CONSERVATRICE ET CHERCHAIT À INSTAURER UN GOUVERNEMENT PLUS PROGRESSISTE ET LIBÉRAL. BIEN QUE CETTE TENTATIVE SPÉCIFIQUE DE RENVERSEMENT N'AIT PAS ABOUTI, ELLE SOULIGNE LES PROFONDES DIVISIONS POLITIQUES ET SOCIALES EN COLOMBIE À CETTE ÉPOQUE. URIBE URIBE EST RESTÉ UNE FIGURE MARQUANTE DE L'HISTOIRE COLOMBIENNE, REPRÉSENTANT LA LUTTE POUR LA JUSTICE SOCIALE ET L'ÉQUITÉ.

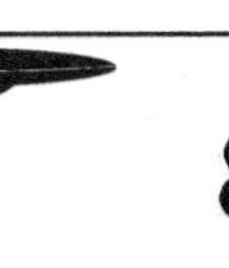

# NITRATE MONOPOLE

LE COMPLOT DE LA NITRATE EN 1896 FAIT ALLUSION À UNE SÉRIE D'ÉVÉNEMENTS IMPLIQUANT DES TENTATIVES BRITANNIQUES DE MONOPOLISER LE COMMERCE DU NITRATE, UN COMPOSANT ESSENTIEL DANS LA FABRICATION DE MUNITIONS ET D'ENGRAIS. À CETTE ÉPOQUE, LE NITRATE ÉTAIT PRINCIPALEMENT EXTRAIT DANS LE DÉSERT D'ATACAMA, SITUÉ DANS CE QUI EST AUJOURD'HUI LE NORD DU CHILI. LE CHILI, LE PÉROU ET LA BOLIVIE ÉTAIENT LES PRINCIPAUX PRODUCTEURS MONDIAUX DE NITRATE, ET LES INTÉRÊTS BRITANNIQUES DANS CES RÉGIONS ÉTAIENT CONSIDÉRABLES, LES ENTREPRISES BRITANNIQUES CHERCHANT À CONTRÔLER LES SOURCES DE NITRATE POUR SÉCURISER L'APPROVISIONNEMENT EN MATIÈRES PREMIÈRES STRATÉGIQUES. CETTE QUÊTE DE DOMINATION A CONTRIBUÉ AUX TENSIONS ÉCONOMIQUES ET POLITIQUES DANS LA RÉGION, NOTAMMENT À LA GUERRE DU PACIFIQUE (1879-1884) ENTRE LE CHILI D'UNE PART, ET LE PÉROU ET LA BOLIVIE D'AUTRE PART, BIEN QUE LE "COMPLOT" DE 1896 SOIT MOINS CONNU. CES ÉVÉNEMENTS METTENT EN LUMIÈRE L'IMPORTANCE DES RESSOURCES NATURELLES DANS LES DYNAMIQUES GÉOPOLITIQUES ET ÉCONOMIQUES MONDIALES.

99

# KING ASSASSINAT

L'ASSASSINAT DE MARTIN LUTHER KING JR. LE 4 AVRIL 1968 À MEMPHIS, TENNESSEE, A IMMÉDIATEMENT SUSCITÉ DES DOUTES ET DES THÉORIES DU COMPLOT CONCERNANT L'IDENTITÉ ET LES MOTIVATIONS DU VÉRITABLE ASSASSIN. JAMES EARL RAY A ÉTÉ ARRÊTÉ ET A PLAIDÉ COUPABLE AU MEURTRE DE KING, MAIS IL A PAR LA SUITE RÉTRACTÉ SON AVEU, AFFIRMANT QU'IL FAISAIT PARTIE D'UNE CONSPIRATION PLUS LARGE IMPLIQUANT LE GOUVERNEMENT AMÉRICAIN ET D'AUTRES ENTITÉS. CES THÉORIES DU COMPLOT SUGGÈRENT QUE L'ASSASSINAT DE KING, LEADER DES DROITS CIVIQUES ET FIGURE DE PROUE DE LA NON-VIOLENCE, A ÉTÉ ORCHESTRÉ PAR DES FORCES OPPOSÉES À SON INFLUENCE ET À SON MILITANTISME POUR L'ÉGALITÉ RACIALE ET LA JUSTICE SOCIALE. DES ENQUÊTES PARLEMENTAIRES ET DES PROCÈS ULTÉRIEURS ONT EXAMINÉ CES ALLÉGATIONS, MAIS N'ONT PAS DÉFINITIVEMENT RÉSOLU TOUTES LES QUESTIONS, LAISSANT UNE PART DE MYSTÈRE ET ALIMENTANT LA SPÉCULATION SUR UNE POSSIBLE IMPLICATION DU FBI, DE LA CIA, OU D'AUTRES GROUPES DANS SA MORT.

100

# SMOLENSK THÉORIE

LE 10 AVRIL 2010, L'AVION PRÉSIDENTIEL POLONAIS S'EST ÉCRASÉ PRÈS DE SMOLENSK, EN RUSSIE, TUANT TOUS LES PASSAGERS À BORD, DONT LE PRÉSIDENT DE LA POLOGNE, LECH KACZYŃSKI, ET D'AUTRES HAUTS RESPONSABLES DU GOUVERNEMENT. L'ACCIDENT A IMMÉDIATEMENT SUSCITÉ DES THÉORIES DU COMPLOT SUGGÉRANT QU'IL NE S'AGISSAIT PAS D'UN SIMPLE CRASH DÛ À DES ERREURS DE PILOTAGE OU AUX MAUVAISES CONDITIONS MÉTÉOROLOGIQUES, MAIS D'UN ACTE DÉLIBÉRÉ VISANT À ÉLIMINER DES FIGURES CLÉS DE L'ÉTAT POLONAIS. CERTAINS AVANCENT QUE L'ACCIDENT AURAIT PU ÊTRE ORCHESTRÉ PAR LA RUSSIE OU PAR DES FORCES INTERNES EN POLOGNE POUR DES RAISONS POLITIQUES, NOTAMMENT EN RAISON DES TENSIONS ENTRE LA POLOGNE ET LA RUSSIE OU DES LUTTES DE POUVOIR INTERNES EN POLOGNE. MALGRÉ LES ENQUÊTES OFFICIELLES, CES THÉORIES CONTINUENT DE TROUVER UN ÉCHO CHEZ CEUX QUI REMETTENT EN QUESTION LES CIRCONSTANCES ET LES CONCLUSIONS OFFICIELLES ENTOURANT CE TRAGIQUE ÉVÉNEMENT.

9 798879 571998